달
콤
한 인
생

달콤한 인생

김지운 각본집

A
Bittersweet
Life

마음산책

달콤한 인생

1판 1쇄 인쇄   2025년   3월 25일
1판 1쇄 발행   2025년   4월   1일

지은이   김지운
펴낸이   정은숙
펴낸곳   마음산책

담당편집   황서영
담당디자인   오세라
담당마케팅   권혁준·김은비
경영지원   박지혜
영화제작   ㈜영화사봄

등록   2000년 7월 28일(제2000-000237호)
주소   (우 04043) 서울시 마포구 잔다리로3안길 20
전화   대표 362-1452   편집 362-1451   팩스 362-1455
홈페이지   www.maumsan.com
블로그   blog.naver.com/maumsanchaek
트위터   twitter.com/maumsanchaek
페이스북   facebook.com/maumsan
인스타그램   instagram.com/maumsanchaek
전자우편   maum@maumsan.com

ISBN   978-89-6090-926-7 03680
* 책값은 뒤표지에 있습니다.

〈달콤한 인생〉 촬영 중에 어머니가 교통사고로 돌아가셨다.

이 각본집을 어머니께 바칩니다.

일러두기

1   이 책에 실린 각본은 영화 〈달콤한 인생〉(2005)의 촬영 전 최종본이다.

2   대사는 글말이 아닌 입말이므로 한글맞춤법과 다르다고 해도 그 표현을 살렸다.

차례

어느 깊은 가을밤, 잠에서 깨어난 제자가 울고 있었다.
그 모습을 본 스승이 기이하게 여겨 제자에게 물었다.
"무서운 꿈을 꾸었느냐?"
"아닙니다."
"슬픈 꿈을 꾸었느냐?"
"아닙니다. 달콤한 꿈을 꾸었습니다."
"그런데 왜 그리 슬피 우느냐?"
제자는 흐르는 눈물을 닦아내며 나지막이 말했다.
"그 꿈은 이루어질 수 없기 때문입니다."

— 영화 〈달콤한 인생〉에서

A
Bittersweet
Life

달콤한
인생

각본·감독   김지운
개봉   2005일 4월 1일

각본

1   들판 · 나무 — 오프닝 (낮)

화면 열리면, 넓은 들판에 나무 한 그루.
축 늘어진 나뭇가지가 바람에 세차게 요동친다.

NA   어느 맑은 봄날, 바람에 이리저리 휘날리는
          나뭇가지를 바라보며 제자가 물었다. 스승님, 저것은
          나뭇가지가 움직이는 겁니까, 바람이 움직이는
          겁니까. 스승은 제자가 가리키는 곳은 보지도 않은
          채 웃으며 말했다. 무릇, 움직이는 것은 나뭇가지도
          아니며…….

내레이션 점점 줄어들고 음악이 밀고 들어온다.

화면 어두워지고.

2   **호텔 나이트클럽·룸 복도 (밤)**

나이트클럽 내 룸, 좁고 어두운 복도.
음악이 점점 커지면서 빠르고 비트감이 강한 사운드가 화면을
장악한다. 백 사장 쪽 어깨 1, 2, 3이 빠른 걸음으로 좁고 어두운
룸 가라오케 복도를 걸어 코너를 돈다. 백 어깨들 담뱃불을 복도
벽에 비벼 끄며 화면으로 다가와 빠지면 뒤쪽 나이트클럽 종업
원들의 표정이 다급해지고 나이트클럽 종업원 1이 어디론가 뛰
어간다.

3   **호텔 스카이라운지 (밤)**

레스토랑 겸 바인 스카이라운지.
나이트클럽 종업원 1이 황급히 뛰어 들어온다. 말끔한 정장 차림
의 한 남자(선우)의 뒷모습이 보인다. 그 남자 알맞게 익힌 스테
이크를 막 자른 다음, 입으로 가져가고 있다. 나이트클럽 종업원
1이 황급히 다가가 그 남자에게 귓속말로 무언가를 전하면, 남
자는 대수롭지 않은 듯 고개를 끄덕이며 잘라낸 스테이크를 마
저 먹는다. 두 점인가를 마저 먹고선 시계를 들여다보고 냅킨으

로 입을 닦는다. 빈 커피잔을 들어 보이며 누군가에게 채워놓으라고 하면서 일어난다. 접시 위에 썰어놓은 당근 한 조각을 집어 들고 나간다.

4   **호텔 몽타주 — 라운지→ 나이트클럽 (밤)**

[직원 엘리베이터 안 → 로비 → 직원 통로·계단 → 세탁실 → 주방 → 직원 통로·복도 → 나이트클럽·룸 복도]

선우를 따라 물 흐르듯 호텔의 여러 공간이 열리고 닫힌다. 호텔의 밝고 세련된 공간에서 좁고 어두운 직원 공간으로 이동한다.

5   **호텔 나이트클럽 · 룸 앞 (밤)**

선우, 창문을 통해 백 어깨들이 들어가 있는 룸 안을 들여다본다. 들고 있는 당근 조각을 경쾌하게 한 입 깨문다.

6   **호텔 나이트클럽 · 대기실 (밤)**

나이트클럽 종업원들과 기도들이 죽치는 곳, 대기실.

선우가 대기실 문을 열고 민기에게 무언가 사인을 보낸다.
민기 벌떡 일어나고 나머지 기도들 영문을 몰라 한다.

7   호텔 나이트클럽 · 룸 안 (밤)

룸 안으로 선우와 민기 들어선다. 백 사장파 어깨들 인상을 심하
게 찌푸리며 둘을 올려다본다. 선우, 한 발 앞으로 걸어와 반듯하
게 서서 정중하게 입을 연다.

선우   죄송합니다. 영업시간이 끝났습니다.
              셋 셀 동안 모두 자리에서 일어나 나가주십시오.
              하나.

바로 카운트에 들어가자 백 어깨들 움찔한다.
민기, 뒤에서 손가락으로 하나를 해 보인다.

선우   둘.

민기, 뒤에서 손가락으로 둘을 해 보인다.

선우   셋!

셋, 하는 소리에 백 어깨들 중 유난히 긴장하던 백 어깨 3이 엉겁결에 벌떡 일어난다.

선우   민기야 문 걸어라.

민기, 문을 걸고 돌아서자마자 가스총을 꺼내 일어선 백 어깨 3의 얼굴을 향해 한 발을 갈긴다. 백 어깨 3이 얼굴을 감싸 쥐며 비틀거리고, 나머지 백 어깨 1, 2가 동시에 자리에서 일어서려 할 때 선우와 민기, 가볍게 테이블로 뛰어올라 달려간다. 백 어깨 1, 2에게 킥을 한 방씩 날리는 선우. 백 어깨 2를 킥으로 제압하고 몸을 돌리려는 찰나, 첫 번째 킥을 맞고 나가떨어졌던, 중앙의 백 어깨 1이 용을 쓰며 몸을 일으켜 무언가를 휘두른다. '쉿' 바람 소리를 내며 무언가가 선우의 옷깃을 스친다. 돌아보면 백 어깨 1의 손에 사시미 칼 하나 들려 있다. 획획 사시미 칼을 휘두르며 위협하는 백 어깨 1.

민기   어라? 이 자식들 연장질이네…….

잠시 대치하던 선우, 재빨리 테이블보를 걷어 손에 둘둘 만다. 선우와 민기, 뒷걸음질하는 백 어깨 1을 향해 거리를 좁혀가고, 선우, 테이블 위에 있던 맥주병을 솜씨 좋게 빙그르 차올려 병목을 잡고 달려드는 녀석의 머리통을 정확하게 가격한다. 선우, 날렵하게 백 어깨 1의 복부를 강타하고. 무차별하게 공격해 들어가는 선우와 민기. 축 늘어지는 백 어깨들.

선우   (백 어깨의 차 키를 민기에게 던지며) 얘네들 차 찾아봐!

8   **호텔·주차장 (밤)**

민기와 기도들 빠른 걸음으로 차 리모컨을 누르면서 백 어깨들
차를 찾는다. 한쪽에서 삑삑거리는 신호음이 들리자, 그쪽으로
우르르 몰려가 차 안을 뒤진다. 트렁크를 열면, 길쭉한 가방이 하
나 열려 있다. 가방을 들면 우르르 쏟아지는 각목과 야구방망이,
사시미 칼.

민기   이거 뭐야? 황당한 놈들이구만!

9   **호텔·주차장 코너 (밤)**

봉고 차에 타고 있던 언니들, 민기가 다른 차로 옮기라고 하자 우
르르 몰려 내려온다. 축 늘어진 백 어깨들이 차례로 봉고 차에 실
린다. 뒤쪽에서 쭉 지켜보던 선우, 시계를 들여다보다 스카이라
운지로 올라간다.

10   **호텔 스카이라운지 · 엘리베이터 · 앞 (밤)**

엘리베이터가 열리자마자 빠져나와 빠르게 걷는 선우.

11   **호텔 스카이라운지 (밤)**

주먹이 아려오는지 손목을 돌리며 손을 감았다 폈다 하며 들어
오는 선우. 테이블 위 채워진 에스프레소 잔에 각설탕을 하나 집
어넣고 휘휘 젓는다. 한 모금 마시고는 라운지 종업원에게 접시
치우라고 지시하며, 바에 앉아 컴퓨터로 입출 내용을 체크한 뒤
시계를 들여다보고 핸드폰의 번호를 누른다. 신호가 가고.

선우   내일 오전 중으로 000만원 입금시키겠습니다.
          그럼…… 영업 마치겠습니다.

잠시, 상대방의 이야기를 듣다가 간단하게 대답하고 핸드폰을
닫는다. 잔을 들어 식은 에스프레소를 한 모금 마시면서 유리창
쪽으로 걸어간다. 선우, 야경이 보이는 유리에 자신의 모습을 비
춰 보며 옷매무새를 고친다. 그리고 자신을 바라본다. 산뜻하고
감미로운 음악이 나직이 흐르면.

Title. 달콤한 인생

'샥' 하는 경쾌한 사운드.
그림처럼 원을 그리며 멀리 날아가는 골프공. 가벼운 박수 소리.
강 사장 등장.

박 사장   나이스샷!

백 회장   굿샷! 제대로 올려놨는데…….

만면에 웃음을 띠며 골프채를 캐디에게 건네주고 필드를 걸어가
는 강 사장과 박 사장, 백 회장. 건너편에 그들을 지켜보는 세 단
체(강 사장, 박 사장, 백 회장파)의 수하 일행들이 모여 있다. 그 안
에 선우도 끼여 있다. 선우 핸드폰 진동이 울리고.

선우   응. 어제 애들 차 번호 알아봤어? ……그래? 확실해?
          알았어. 그래 수고했다.

홀컵에 공이 들어가는 상쾌한 소리. 또 한 번 박수 소리.
멀리서 강 사장, 박 사장, 백 회장 게임이 끝났는지 서로 악수와
수인사를 나누고 있다. 필드 밖에서 그들을 지켜보던 각각의 일
행들 일사불란하게 움직인다. 선우, 강 사장이 손짓하자 그쪽으
로 뛰어가며 차 대기시켜놓으라고 누군가에게 지시한다.

한식집. 강 사장 수하 일행 홀에서 식사를 하고 있고, 카메라 한 식집 여종업원을 따라간다. 여종업원 문을 조심스레 열고 들어 가면, 강 사장과 선우가 마주 보고 앉아 있다. 여종업원이 간단한 밑반찬을 내려놓고 나갈 때,

강 사장   그래 어제 일은?
선우   네. 처리했습니다.
강 사장   잘했다. 항상 네가 수고하는구나.

강 사장, 선우에게 술을 한 잔 따라주며 친근감을 표시한다.

강 사장   백 회장 아들놈이 하나 있는데 그게 말썽 좀 피우나
             보더라.
선우   네. 백 회장이 직접 나서는 것 같진 않고……
             사채업을 하던 백 사장이라는 친구가 최근에 이쪽
             일에 손을 대기 시작했단 말을 들었습니다. 얼마 전
             동남아 쪽 연예기획사와 거래를 텄단 이야기가 돌고
             있어요. 러시아 쪽과 거래를 끊고 필리핀 연예인들
             받아달라고 이 지역 업소에 압력을 넣는 모양입니다.
강 사장   양아치들…… 늙은이나 자식 놈이나 욕심들은…….

이때 문밖에서 조심스러운 노크 소리.

문석(소리)   저 왔습니다. 문석입니다.

강 사장 호텔의 나이트클럽을 맡고 있는, 선우와 동급 서열 2위
의 문석이 들어온다.

문석   말씀 중이셨나 봐요.

문석, 뭐가 찔리는지 연신 강 사장의 눈치를 보며 들어온다.
강 사장, 문석한테 눈길을 주지도 않는다.

문석   (자리에 앉으며 선우에게) 아, 어제 미안하다, 야.
　　　　　하필 내가 잠시 비운 사이에 그런 일이 생겼냐?
　　　　　위층도 바빴을 텐데.
　　　　　(다시 강 사장을 돌아보며) 뭐 어제 애들은 그냥 동네
　　　　　애들이었습니다. 신경 쓰실 것 없…….
강 사장   (문석의 말을 끊으며) 넌 뭐 하는 놈이냐?
문석   네?
강 사장   그런 식으로 할래?
문석   그게…….
강 사장   나가 있어. ……들어가서 대기해!
문석   (아무 소리 못 하고 바로 일어서며) 네.

                                          달콤한 인생

아무 말 없이 뒷걸음으로 나가는 문석. 잠시 냉기가 흐르고.

강 사장 (얕은 한숨을 쉬며) 잘 알아서들 해. 지금 너희들 좋을
        때잖아? 잘하고 있을 때 더 잘해야 돼. 이 바닥, 그리
        만만하진 않아. 백 번 잘하다가 한 번 실수하면 그 한
        번 실수 때문에 바로 훅 날 수 있는 곳이야. 한 가지만
        명심해라. 금 팔아 번 돈도 돈이고 쓰레기 팔아 번
        돈도 돈이야.

선우   네. 명심하겠습니다.

강 사장 아무튼 그 건은 내가 백 회장과 해결해볼게. 그건
        그렇고…… 내가 오늘 널 특별히 보자고 한 것은
        내일부터 3일 정도 상하이 출장을 가야 되는데……
        가기 전에 뭐 좀 부탁 하나 할 게 있다.

선우   ?

강 사장 그게 말이야…… 움…… 한 잔 따라줘.

선우   아 네. 죄송합니다.

선우, 술병을 들어 강 사장에게 한 잔 따른다.
졸졸졸 소리만 날 뿐 잠시 둘 사이에 어색한 침묵이 흐른다.
강 사장, 선우의 눈을 똑바로 쳐다본다.
왠지 어색한 선우. 그러다 느닷없이.

강 사장 ……내가 실은 젊은 애인이 하나 있어.

선우	(놀라운 사실이나 내색하지 않는다)
강 사장	내가 아끼는 여자야. 나 같은 부류랑은 좀 다르지. 종이 달라.
선우	…….
강 사장	얘가 무슨 반응이 없어?
선우	……추 ……축하드립니다.
강 사장	됐다. 축하는 무슨……. (다시 한동안 말이 없다가) 근데…… 근데 그 애한테 남자가 생긴 것 같아. 젊은 놈이 하나 붙은 거지. 누구한테 말도 못 하고 속으로 끙끙 앓다가……. 내가 우리 마누라한테는 말 못 해도 너한텐 하잖냐? 아무도 몰라. 내가 이런 고민한다는 거 우습지?
선우	(어떤 반응을 보여야 될지 난감하다)
강 사장	정말 우습냐?
선우	아뇨. 아닙니다.
강 사장	(선우의 그런 반응을 즐기듯 씨익 웃다가) 그래서 말인데…… 네가 3일만 그 애를 좀 감시해라.
선우	감시요?
강 사장	말이 감시라는 거구. 돌봐주란 거지. 그놈이 괴롭히는 건지, 아니면 정말 맘도 주고 몸도 주고, 뭐 이런 건지. 도대체 감이 안 잡힌단 말야. 뭐 젊은 애들이 가깝게 지내다 보면 어깨 같은 데 슬쩍 손이 닿기도 하고 그럴 거 아냐? 그러다가 손도 잡아보고 싶고 키스도

하고 싶고 그러다 보면 욱하는 기운에, 응? 그럴 수도
있는 거잖아. 그런데…… 둘이 그러고 있는 생각을
하면 통 견딜 수가 없단 말야. 주책이지?

선우   (얼른) 아닙니다.

강 사장   주책이지 뭐. 그래서…… (다음 말을 힘들게 이어간다)
도대체 그 애가 누굴 만나는지, 만나서 뭘 하는지……
뭐 그런 걸 알아봐. 딱 3일 동안만. (주머니에서
무언가를 주섬주섬 꺼낸다) 이게 그 애 주소고
전화번호야. 만약에 말야. 만약, 정말 그런 일이
일어나지 않기만을 빌 뿐이지만…… 그 애들……
관계가 그런 것 같으면 네가 처치하든지 바로 전화해.

선우   네?

강 사장   놀라긴. 내가 속고는 못 살잖냐? 응? 속아서 하는
사랑은 사랑이 아냐. 임마. (명함을 건네며) 상하이 내
연락처다. 직통이야. 그리구…… 이건 그 애 연락처.

아무렇게나 찢어낸 아주 심하게 꾸깃꾸깃해진 쪽지에 악필로 쓰
인 주소와 전화번호. 선우, 얼른 품에서 매끈한 수첩과 펜을 꺼내
옮겨 적는다.

강 사장   그거 이리 줘.

선우   네 됐습니다. 주세요. 제가 버리겠습니다.

강 사장   (도로 집어넣으며) 어, 됐어. (잠시 침묵. 그러다 뭔가

생각났는지 뒷주머니에서 지갑을 꺼내 펼친다) 여기 봐봐.
(사진을 펼쳐 보이며) 어떠냐? 이쁘지?

사진을 건네받는 선우. 사진을 들여다본다.
선우의 대답을 기다리는 강 사장의 궁금한 표정.

선우	네 미인이신데요.
강 사장	(얼굴이 환해지며) 이거 잘 안 나온 거야. 실물이 더 나아. 진짜 어때?
선우	(어색한 웃음을 지으며 말을 해야 하나 말아야 하나)
강 사장	알아. 알아. (혼자 킥킥거리다) 이 애랑 있으면 진짜 재밌어. 짜식…… 샘나냐?
선우	네?
강 사장	그만 봐. 자 들자.

서로 잔을 따라주고 마치 건배라도 하듯이 마시고 동시에 잔을
내려놓으면.

14   **한식집 · 앞 (밤)**

얼큰하게 취해 약간 비틀거리는 강 사장. 선우의 어깨를 팔꿈치
로 툭 치고 선우가 돌아보면 오늘 한 이야긴 비밀이라는 듯이 손

달콤한 인생

을 입에 갖다 대고 쉿 소리를 낸다.

선우, 처음 보는 강 사장의 그런 모습에 난감해할 때 강 사장 차
가 앞에 와서 선다. 선우, 강 사장을 차에 태우며 꾸벅 인사를 하
는데 갑자기 강 사장이 선우의 멱살을 잡아끈다.

강 사장   너 애인 있어?

선우   없는데요.

강 사장   사랑해본 적 있어?

선우   (우물쭈물)

강 사장   없어. 넌 없어. 그래서 너한테 이런 일 맡기는 거야.
          그래서 널 좋아하는 거야, 임마. 프하하하, 꾸억.
          야! 가자.

강 수하 일동 (차가 떠나자) 들어가십시오!

15   **선우 오피스텔 (밤)**

선우, 스탠드를 켜고 희수 사진을 들여다보다 책상 위로 툭 하고
던진다. 소파로 가는 선우.

16   **희수 집 · 앞 (아침)**

희수 집 앞에 차 한 대(선우 차)가 끼익 선다. 음악을 끄고 시동을 끈다. 선우, 차에서 내리자마자 갑자기 돌풍이 확 하고 불어온다. 돌풍이 선우를 감싼다. 잠시 멈칫하던 선우가 희수 집을 올려다본다. 쪽지를 꺼내 집 주소를 확인해본다. 쪽지에서 핸드폰 번호를 확인하고 번호를 누른 뒤 전송 버튼을 누를까, 인터폰을 누를까 고민하다 인터폰에 손을 갖다 대자마자 '덜컹' 소리를 내며 문이 열린다. 놀라는 선우.

17   희수 집 · 안 (아침)

희수 집 내부.
선우, 엉거주춤 거실 안으로 들어서고 집 안엔 아무도 없다. 정적. 그러다 갑자기 화장실 문이 열렸다 닫히며 "잠깐만요" 하는 소리만 공중에 주인 없이 떠 있는 것 같은 느낌을 받는다. 너무 빨리 열렸다 닫혀서 선우는 확인도 못 한다. 뻘쭘하게 서 있다가 소파에 앉는 선우, 집 안을 둘러본다. 여자가 사는 집이라 그런지 작은 소품들이 책상 위며 티 테이블 위며 장식장에 가득하다. 거실 한쪽에 큼직한 첼로 케이스가 비스듬히 서 있는 것이 인상적이다. 소파 앞, 티 테이블 위에 오뚝이처럼 생긴 러시아 인형이 놓여 있다.
선우가 무료한 듯 그 인형을 만지작거리다 뚜껑을 열어보자 그 안에 똑같이 생긴 인형이 들어 있다. 어? 하는 표정을 짓던 선우

또 한 번 뚜껑을 열어보자 그 안에 또다시 똑같이 생긴 작은 인형이 들어 있다. 선우가 이 안에 또 있을까? 하는 표정으로 계속 뚜껑을 열어보자 똑같이 생긴 작은 인형이 계속 나온다. 당황하는 선우.

그때, 덜컹 욕실 문이 열리며 온 사람 보는 둥 마는 둥 하며 방으로 들어가는 희수. 선우, 놀라며 멈추었다가 테이블 위에 너저분하게 널린 인형들을 서둘러 집어넣기 시작한다. 서로 짝이 안 맞고, 잘못 끼우고, 테이블 밑으로 떨어지고. 당황하는 선우.

그때 다시 문이 열리고. 난망한 표정으로 희수를 바라보는 선우. 테이블 위에 어지럽고 너저분하게 놓인 인형. 한눈에 보더라도 선우가 어찌할 바를 모르겠다는 태도를 보인다.

선우   이게…… 계속 나오네요.

희수, 대꾸 없이 힐끗 선우를 쳐다보는 둥 마는 둥 무심하게 거울 앞으로 가 머리를 말린다. 그런 희수의 태도에 잠시 멍해 있다가 눈이 마주치자,

선우   (갑자기 생각났다는 듯) 사장님이 이걸
           전해드리라는데요.
희수   (드라이기를 끄고) 네?
선우   (선물 박스를 들어 올리며) 사장님께서 이걸 직접
           전해드리랍니다.

희수   뭐지?

희수가 궁금증을 못 참고 소파로 다가와 포장지를 뜯어낸다. 선우가 엉거주춤 옆에서 도와준다. 박스에서 두 마리의 원앙새 조각이 붙어 있는 책상용 스탠드가 나온다.

희수   와우~ 진짜 유치하게 생겼다. 프하하 아저씨답다.

희수는 스탠드를 소품 가득한 탁자 위에 가지런히 올려놓고 거울 앞으로 가서 마저 머리를 말리며 이리저리 왔다 갔다 한다.

희수   (또 용건이 있느냐는 표정을 보이면)
선우   아참. 그리고 사장님께서 오늘 모임에 차로
       모셔드리라고 하셨는데요.
희수   (대충 머리 손질을 끝내고) 움…… 차는 됐는데…….
       그냥 가셔도 되거든요?
선우   사장님께서 직접 모셔드리라고 했습니다.
희수   제가 말씀드릴게요.
선우   그럼. 또 뵙겠습니다.
       무슨 일 있으시면 이리로 연락주세요.
희수   괜찮아요. 별일 없을 건데요. 아니 그냥 주세요.
선우   네.
희수   (벌떡 일어나 꾸벅 인사를 하며) 안녕히 가세요.

고맙습니다.

신발을 신는 선우를 배웅하다가 뒤를 돌아보며 소파 앞 테이블
에 차 키가 놓여 있는 것을 발견하곤,

희수   아저씨! 차 키!

18   희수 집·앞 — 선우 차 안 (아침)

선우 차 안.

선우   (차를 출발시키며) 아저씨?

CD를 틀며 볼륨을 크게 올린다. 차가 골목을 빠져나오다 큰길
앞에서 다시 유턴을 하더니 다시 희수 집 앞에서 속도를 줄인다.
소형차가 뒤에서 빵빵거린다. '짜식 성질은······' 하는 표정으로
소형차 운전자(세윤)를 쳐다본다. 살짝 옆으로 비켜주자 그 소형
차가 희수 집 앞에 선다. 소형차는 희수를 태우더니 어울리지 않
게 급발진하며 출발한다.

선우   (그 광경을 보며 피식 웃고는 음악을 바꾸며) 자 그럼,
            이제부터 아저씨가 돌봐주께.

19   도로 (홍대行) ─ 선우 차 안 (오후)

소형차를 놓치지 않으려고 긴장하며 운전하는 선우.

20   홍대 클럽 (밤)

꽤 섹시하게 춤을 추는 희수의 모습을 놀란 표정으로 숨어 지켜
보는 선우. 희수가 볼 것 같으면 몸을 움찔거리며 자세를 숙였다
폈다 반복한다. 옆 테이블 여자애들이 선우를 변태 보듯 쳐다본
다. 선우와 옆 테이블 여자애들의 눈이 마주친다. 선우, 쟤네들이
왜 저런 눈으로 날 쳐다보지? 하는 표정.

21   도로 (월남국숫집行) ─ 선우 차 안 (밤)

소형차를 다시 뒤쫓는 선우. 피곤한지 연신 하품을 한다.

22   월남국숫집 앞 (밤)

포장마차에서 꼬치 어묵을 맛있게 먹고 있는 선우. 왠지 쓸쓸해
보인다.

길 건너편 월남국숫집 안의 희수와 세윤. 뭐가 재밌는지 서로 깔깔대면서 국수를 먹고 있는 모습이 유리창을 통해 보인다.

23   **CGV · 극장 안 (밤)**

영화관 뒤쪽 구석에 머리를 감싸 쥐고 졸린 눈으로 영화를 감상하고 있는 선우. 주스를 빨대로 의욕 없이 빨아댄다. 희수와 세윤. 영화관 앞쪽 좌석에 앉아 다정하게 영화 감상 중이다.

24   **CGV · 화장실 (밤)**

세윤이 화장실 거울 앞에서 머리를 적셔 고정하며 배우처럼 인상을 써본다. 막 돌아서려 할 때 주스를 들고 다가온 선우와 부딪히며 주스가 세윤의 바지에 쏟아진다.
세윤, 기가 막혀 말이 안 나온다.

선우   아~ 이거 죄송해서 어떡하죠? ……이거 빨리 물
          묻혀서…….
세윤   이게 뭡니까? (선우 물을 묻히려 하자) 뭐예요?
          됐어요. 놔두세요.
선우   그거 지금 안 하면 자국 남는데…….

각본   35

세윤, 그런 선우가 더 미워선지 한번 노려보다가 툭툭 털더니 찬
바람을 내며 나간다.
선우, 연신 죄송하다며 머리를 조아린다. 수돗물을 틀어 손을 씻
는 척하다가 문 쪽으로 고개를 돌리며 피식 웃는다.

25   희수 집·앞 (밤)

소형차가 툴툴거리며 들어오고 집 앞에 선다. 20미터가량 뒤에서
선우 차가 멈춘다.

선우   (길게 기지개를 펴며) 애들이라서 그런가? 엄청
          돌아다니는구만…….
          (한동안 안 내리자 이맛살을 찌푸리며 자세히 보려고 한다)
          왜 안 내려? (고개를 쭉 내밀며) 키스하나?

소형차에서 내린 희수, 운전석으로 돌아가더니 또 한참을 뭐라
고 수다를 떤다. 한동안 운전석 앞에서 깔깔거리던 희수, 그리고
이윽고 소형차는 떠난다.

선우   그래. 제발 건전하게 만나라. 다치는 사람 안 생기게.

희수가 집으로 들어가다 뒤를 힐끔 쳐다본다.

다시 길게 하품을 하던 선우 헙! 소리를 내며 시트 밑으로 쑥 들어가 숨는다.

고개를 빼꼼 올려다보면 희수는 보이지 않고 잠시 후 방에 불이 들어온다. 피곤하고 얼빵한 표정으로 창문을 망연히 바라보다 시계를 보고 핸드폰을 연다.

선우   어 민기야. 별일 없었지? 뭐? 그래? 알았어. 일단
             호텔로 들어갈게.

차에 다시 시동을 건다.
출발하면서 희수 집 창문을 힐끗 올려보다가 간다.

26   **희수 집 · 창가 (밤)**

커튼 사이로 선우 차가 휙 하고 지나가고 희수가 프레임인해서 옷을 갈아입는다. 창문 앞 콘솔 위에 올려진 선우의 명함을 바라보다 휙 하고 내던지듯 내려놓는다.
강 사장이 보낸 스탠드를 켜자 원앙새에 유치한 불이 들어온다.
피식 웃는 희수.

27   **호텔 · 앞 (밤)**

세차용 다라이에 나이트클럽 간판이 비친다. 그 앞에서 나이트클럽 지배인을 하고 있는 문석이 물을 마시고 있다. 문석 너머로 선우 차가 들어오면 발레파킹맨들이 고개 숙여 인사하며 서둘러 나온다. 선우, 발레파킹맨에게 차 키를 건네주고 계단 오르려 할 때 문석이 선우를 부른다.

문석   어이 김 실장. 나 좀 보자.
선우   나 올라가 카운터 맞춰야 돼. 급한 거야?
문석   어제 그 새끼들 때문에 시끄럽게 생겼다니까.
          어여 일루 와봐.

선우, 떨떠름한 표정으로 다시 계단을 내려온다.

문석   (혀를 차며 혼자 소리로) 씹째가…… 내려오라고 하면
          후딱 내려올 거지. 어디서 가오 잡긴. (기가 차다는 듯)
          참 내, 요즘 지 세상야.

한 떼의 러시아 무용수들이 우르르 몰려 나간다. 서로 인사를 주고받으며 문 앞에 서 있던 문석한테도 영어로 인사를 한다.

문석   어…… 어…….

달콤한 인생

문석   글쎄 그게 아니래요. 거 필리핀 무용수랑 가수 애들
봐주는 쪽 애들인데, 지들끼리 모여 있다가 여기
인사나 하러 가겠다고 하니까 백 사장이 회사 차
내주면서 전화해주겠다니까, 야~ 거기 물 좋다던데
한번 가보자 응? 그렇게 해서 이렇게 온 거라는 거지.
근데 인사하러 왔다가 인사는 못 하고 그냥, 맞기만
한 거지. 인사할 틈이 없었대요.

선우   인사하러 온 놈들이 사시미는 왜 신고 온 거래?
사시미로 인사하나?

문석   ……무슨 사연이 있겠지. 암튼, 그 백 사장 그 새끼가
지금 계속 나한테 연락 오는 거야. 어떻게 이럴 수가
있냐구. 자기 체면이 뭐가 되냐구. 김 실장인가 먼가
좀 보자구. 그래서 이러지 마시라. 그쪽에서 먼저
실수한 거 아니냐. 이러는데도 굳이 너를 보자는
거야. 계속 10분이 멀다 하고 전화가 와. (어디선가
드르륵 소리가 나자 몸서리를 치며) 이거 봐, 씨벌 또
왔다……. 아이, 몰라. (전화기를 내던지며) 네가
알아서 해.

선우   (못마땅한 표정을 짓다가 할 수 없이 받는다) 여보세요.
김 실장입니다.

선우, 굳은 표정으로 상대방의 말을 한참 듣고 있다. 문석, 선우의 표정을 불안하게 주시한다. 카메라 아주 천천히 선우의 얼굴로 다가간다

선우   네. 알았으니까, 할 말 있으면 직접 와서 하시고 전화
              끊읍시다.

딱 끊고 전화기를 테이블 위에 올려놓는 선우.
입이 떡 벌어진 채 뜨악한 표정의 문석.

선우   (벌떡 자리에 일어서며) 내가 알아서 했다.
문석   (일어서는 선우의 팔을 잡으며) 야, 너 여기서 일을 더
              벌이면 어떡해?
선우   (자신의 팔을 잡은 문석의 손을 떼며) 문 실장, 이거 네
              일이야. 너 없을 때 내가 처리한 거라구. 그 정돈 네
              선에서 막았어야지. 이거 쟤네들이 우리랑 거래 트고
              싶어서 저러는 거야. 거래 트기 전에 대충 너나 나
              정돈 잡고 들어오겠다는 거잖아. 그런 거 몰라?
문석   ……너 나한테 설교하냐?

선우, 순간적으로 눈에 불똥이 튀지만 꾹 참고 씨익 웃으며 나간다. 문석, 그런 선우의 뒷모습을 가느다란 시선으로 올려다본다.

낮은 조명의 전형적인 밤무대 기획사 사무실. 백상기획.

바닥에 사무실용 전화기가 박살 나 있고 카메라 뒤로 조금 빠져 나오면 그때의 백 어깨 2, 3과 백 어깨 4가 초긴장 상태로 누군가의 눈치를 살피고 있다. 카메라 좀 더 빠져나오면 그때 왔던 어깨들 중 하나(백 어깨 1)가 얼굴을 감싸 쥐고 부르르 떨고 있다. 감싸쥔 손가락 사이로 붉은 선혈이 낭자하다.

백 사장   (아주 낮고 음울한 목소리로) 야.

백 어깨 3   (조심스럽게) 네.

백 사장   저거 치워라.

백 어깨 2, 3 두 명이 동시에 일어나서 치우려 하자,

백 사장   넌 이리 와.

백 어깨 2가 긴장한 표정으로 자진 납세 스타일로 다가가면 백 사장은 얼굴을 감싸 쥔 채 옆으로 쓰러져 있는 백 어깨 1의 손목을 강하게 끌어 얼굴을 본다.

백 사장   그래 이 새끼야. 병신처럼 맞구 돌아다니구 그러니까
              이거 하나 제대로 피하지도 못하는 거자나. 봐봐.

어디야? 눈이야? (백 사장 확인하려고 힘을 쓰다 그냥
툭 놓아버리며) 넌 이 새끼 데리구 나가서 치료해줘.
(이리저리 둘러보다 전화기가 없자) 야, 전화기 좀 줘봐.

백 어깨 4, 핸드폰을 정성스럽게 열어 귀에 갖다 대면 백 사장 그
를 힐끔 쳐다보며,

백 사장   이 새끼 이거 웃기는 새끼네…… 음성 다이얼이야?
          번호를 눌러야 신호가 떨어질 것 아냐? 입으로
          누르라고? (한심스럽다는 듯) 아…… 이 씹쌔끼들.
          저기 삼선교 오무성이한테 전화해. (콧바람을 길게
          내쉬며 분을 삭인다) 나 참 웃음밖에 안 나오네……
          시발.

30   **호텔 스카이라운지 (밤)**

선우가 빠른 걸음으로 들어오면, 바 한쪽에선 민기와 주방 보조
여학생 소영이 선우의 눈치를 보며 주방 정리를 하고 있다.

선우   커피 한 잔 줘. 어떤 거야?

바 한쪽에 마련된 테이블 앞에 다가선 선우. 윤철문이 가리키는

대형 냄비의 뚜껑을 열고 국자를 집어넣는다. 휘휘 젓고는 국자
로 국과 고기 한 덩어리를 꺼내 냄새를 맡는다. 맛을 한번 보고는
입맛을 다시다가 내뱉는다.

선우   (흘깃 철문을 쳐다보고) 풍년상회에 전화해서 내일부터
        들어오지 말라고 그래.
철문   …….
선우   (멍청히 가만 서 있는 철문을 쏘아보며) 지금 전화해!

철문, 핸드폰을 열며 한쪽으로 비켜서면 선우, 테이블을 빠져나
간다. 선우, 카운터 쪽으로 바로 간다. 바에 앉아 컴퓨터로 내용
을 체크한 뒤 입출금을 정리한다. 정리하다가 희수 사진을 지갑
에서 꺼내본다.

민기   (선우가 시킨 커피잔을 내려놓으며) 누구예요? 애인
        생겼어요? 와~ 이쁘다.
선우   아냐 임마.
민기   뭐가 아니에요. 이쁜데.
선우   내 애인이 아니라구.
민기   그래요? 그런데 왜 실장님이 사진을 갖고 계세요?
        이상하네?
선우   이상하긴 뭐가 이상해. 아무것도 아냐.
민기   아무것도 아닌데 왜 실장님이 사진을 갖고 계세요?

	그러니까 더 이상하네?
선우	거 자식…….
민기	연애하는 게 뭐가 창피하다고 감추세요?
선우	그런 거 아니라니까.
민기	그래서 실장님보고 사람들이 차갑다고 하는 거예요.
선우	네가 정리한 거 줘봐.
민기	(입출금 내역서를 꺼내며) 그런 소리 안 들어요?
선우	몰라.
민기	핸드폰 1번 키 누르면 누구 나와요?
선우	(내역서를 맞춰보며) 사장님.
민기	2번 키는요?
선우	가게.
민기	참 나…… 3번 키는요?
선우	클럽.
민기	허이구…… 표창장 받으셔야 돼요.
철문	(구석에서 한참 통화하다 다가오며) 전했습니다.
선우	(철문에게) 넌 내일 일루 오지 말고 시장으로 바로
	나가서 다른 곳 찾아봐. 들어가.
철문	네.
선우	(민기에게) 내려가서 정리하고 들어갈 테니까 여기 문
	걸고 들어가라.
소영	안녕히 들어가세요.
민기	들어가세요. (돌아서서 고개를 갸웃거리며) 거! 사람

독특해.

호텔·앞 (밤)

선우, 호텔 앞 계단을 내려오며 두리번 차를 찾지만 차가 안 보이는 듯. 그때 뒤쪽 정문 앞으로 선우 차가 쏜살같이 달려와 선다. 선우 돌아서면, 차창이 스르르 내려가며 스카이라운지에서 바텐더를 하고 있는 유미가 싱긋 웃고 있다.

유미   타!
선우   까불지 말구 내려.

차가 그냥 붕 하고 떠난다. 그러다 다시 빽으로 쏜살같이 달려와 그림처럼 선다. 유미 차 안에서 깔깔거리며 웃어젖히고.
선우 계단을 올라오며.

선우   왜 이렇게 까부냐?
유미   데려다줘.
선우   피곤하니까 그냥 택시 타고 가. 택시 잡아줄게.
유미   오빠, 게이냐?
선우   뭐?
유미   여자가 이렇게 나오면 뭐…… 그런 생각 안 들어?

　　　　　……여자가 싫어? 여자 안 땡겨?

선우　　　고양이 키울 거야.

유미　　　오 마이 갓…… 여자를 그렇게 생각하고 있는 거니?

선우　　　내려. 나 피곤하다.

유미　　　안 내릴 거야.

선우, 잠시 유미를 쳐다보다가 운전석 문을 열고 재빨리 유미를
끌어안아 밖으로 내려놓는다.

유미　　　뭐야!

선우　　　신경 건드리지 말고.

유미　　　재수야. 정말. 정말 나 안 데려다줘?

선우　　　(가만히 쳐다보다) 콜택시 불러줄게, 그거 타고 가.
　　　　　피곤해.

유미　　　됐다. 필요 없어. 간다 가. (가다 말고 돌아서서 운전석
　　　　　문을 열고는) 근데, 딴 놈처럼 여자한테 사기 안
　　　　　치니까 오빨 좋아하긴 하는 건데 그래도 나 여자야.
　　　　　남자가 돼서 여자한테 피곤하다는 말 자주 쓰지 마.
　　　　　별거 아닌 것 같지. 그거 상처 돼. 치사해서 이런
　　　　　거지발싸개 같은 똥차 안 탄다! (문을 '쾅' 하고 닫으면)

32　　　　**선우 오피스텔 (밤)**

46　　　　　　　　　　　　　　　　　　　　달콤한 인생

'쾅' 하는 소리와 함께 선우가 소파에 그냥 널브러지듯 쓰러진다. 멍한 표정으로 한곳을 바라보며 가벼운 한숨과 함께 스탠드를 껐다 켰다 한동안 반복하다 완전 꺼버린다.

암전.

33   **선우 오피스텔 (아침)**

어둠 속에서 희수의 목소리가 들린다.

희수(소리) 아무튼 핸드폰을 받지 않으셔서 메시지 남겨두는
              거거든요. 혹시 시간 되시면 오늘 조금만 도와주심
              되구요, 오후 3시까지만요. 그 뒤로는 상관없거든요.
              이 메시지 들으시면…….

잠결에 사서함에 녹음되는 희수의 목소리를 듣다가 벌떡 일어난다. 후다닥 전화기로 달려가 수화기를 집어 든다.

선우   김 실장입니다. 아, 네. 몇 시까지죠? 지금이……
              (시계를 찾아본다) 아무리 늦어도 한 시간이면 도착할
              거예요. 바로 나갈게요.

수화기를 내려놓고 핸드폰에 부재중전화가 몇 통 왔었음을 확인

한다. 정신을 차리려고 머리를 흔들다가 바로 물구나무서기를
한다. 근육질의 몸매. 등과 허리 쪽에 깊게 파인 크고 작은 상처
들. 벽에 고정된 철봉을 잡고 턱걸이 등을 몇 차례 하다가 바닥
으로 사뿐 내려앉는다. 몸에 땀이 살짝 밸 때쯤 욕실로 향하는
선우.

34 **도로 → 주차장 (녹음실行) ― 선우 차 안 (낮)**

차 뒤쪽에 커다란 첼로가 실려 있고, 희수가 조금 어색한지 연신
창밖을 내다보고 있다.
선우, 힐끔힐끔 희수도 쳐다보고 뒤에 실린 첼로도 쳐다보고 한
다. 별다른 반응을 보이지 않는 희수, 가방에서 종이를 꺼내 조심
스럽게 껌을 뱉어내 종이에 싼다.

선우   여기다 버리세요.

희수   (재떨이에 버리려다 말고) 동전 들어 있는데요.

선우   그냥 버리세요. 괜찮아요.

희수   담배 안 태우시죠?

선우   네.

희수   아저씨는 많이 피우시던데…….

선우   그런가요? ……뭐 하나 물어봐도 돼요?

희수   ?

선우   (머뭇거리다가) 저긴가?

둘 사이에 잠시 말이 끊긴다.
선우 차가 밝은 도로에 있다가 어두운 지하 주차장으로 들어선다.

희수   저 앞에 내려주세요.
선우   녹음실까지 들어다 드릴게요.
희수   괜찮습니다.
선우   저 사장님한테 야단맞거든요.
희수   …….

35   **녹음실 · 복도 A (낮)**

녹음실로 가는 긴 복도.
선우가 첼로를 어떻게 들어야 될지 몰라 이렇게 들었다 저렇게
들었다 어깨에 멨다 다시 손으로 들었다 한다. 서로 아무 말 없이
걷다 맞은편에서 오는 선배 안규에게 가볍게 인사를 하는 희수.

안규   (지나치며 가볍게) 안녕?
희수   (지나가는 선배를 힐끔 돌아보며) 그거 이리 주세요.
선우   (덩달아 뒤를 돌아보고 남들을 의식하는 희수를 보며
         첼로를 건넨다) 생각보다 무겁네요.

희수	아까 무슨 말 하시려고 했어요? 차에서 내리기 전에.
선우	아…… (물을 듯 말 듯 하다 그냥 모른 척하며) 뭐였지?
희수	생각 안 나시면 괜찮아요.

순간적으로 잠시 서먹해진다.

선우	사장님 어떻게 만나셨어요?
희수	(선우를 돌아보며) 그 질문이었죠? 왜…… 궁금해하세요?
선우	그냥…… 별 뜻 없는데요.
희수	…….
선우	미안해요.
희수	뭐가요?
선우	그런 거 물어봐서.
희수	아뇨. 상관없는데요. 그게 왜 궁금하셨는지 궁금했어요.
선우	…….
희수	여기예요. 잠깐 구경하시려면 이쪽 문으로 들어가시면 돼요.
선우	가실 땐 어떡하세요?
희수	……여긴 택시 잡기 쉽거든요. 택시 타면 돼요.

뻘쭘하게 서로 인사를 나눈 뒤 희수가 들어간다.

몇 명의 관계자가 보이고 선우가 어색한 동작으로 들어선다. 관계자들, 선우를 힐끔 쳐다보나 개의치 않는다. 선우, 엉거주춤 빈의자에 앉을 때 입구 쪽에서 '땅!' 하는 소리가 난다. 선우, 놀라옆으로 고개를 돌리면 스태프 중 하나가 넘어진 보면대를 일으키며, "죄송합니다"라고 말한다. 믹싱실 사람들 킥킥거리면 믹싱엔지니어 그 스태프에게 가볍게 주의를 주고 연주실 쪽으로 사운드체크 사인을 준다.

유리 너머 연주실에서 사인을 받은 15인 실내 오케스트라가 준비를 하고 있다. 희수도 자리를 잡고 악보를 놓은 다음 머리를 질끈동여맨 뒤 손가락을 낀 채 팔을 앞으로 쭉 뻗어 목을 돌리며 손을터는 동작을 한다. 지휘자가 들어와 장내 정리를 하고, 긴장을 풀어주기 위해 가벼운 농담을 하면 까르르 웃는 연주자들.

희수도 짧고 가볍게 따라 웃는다. 선우의 입가에 잠시 미소가 번진다. 연주가 시작된다. 선우, 연주에 집중하는 희수 모습이 인상적이라고 생각한다. 소파 깊숙이 몸을 기대어 연주를 감상한다. 카메라 천천히 선우에게 다가간다.

바람에 흔들리는 나뭇가지.

핸드폰 소리에 비전 깨지고.

38   **녹음실·복도 B (밤)**

형광등 불빛의 긴 복도를 빠르게 걸으면서 통화한다.

선우   어 민기야.

민기(소리)   아침 일찍 누가 찾아왔었어요. 전화번호
            가르쳐달라고 해서 안 된다고 했더니.

선우   누군데.

민기(소리)   오무성이라고 아세요? 인상 더럽던데…….

선우   오무성? 모르겠는데. 다른 일은?

민기(소리)   문석 형님이 찾는데요. 잠깐만요.

선우   (걸음을 갑자기 멈추고 얼른) 민기야. 바꾸지 말고 내가
            바로 전화한다고 그래.

딸칵 전화를 끊고 무슨 일인지 잠시 고민에 빠진다.
한동안 고민하더니 폴더를 열어 전화번호부에서 문석을 찾는다.
신호가 가고.

선우   어. 문 실장.

문석(소리)   어디야? 지금 들어올 수 있어? 중요한 일인데…….

선우   어…… (뜸 들이며 망설이다가) 지금 안 될 것 같은데?

문석(소리) 언제 들어올 수 있는데?

선우   ……좀 늦게. ……문 실장, 내가 지금 들어가봐야
       되는데 나중에 전화할게.

얼른 핸드폰을 끊고는 왔던 길을 빠른 걸음으로 되돌아간다.

39   녹음실 · 복도 A (밤)

연주자들 주섬주섬 악기와 소지품을 챙겨서 하나둘씩 인사하며
빠져나간다. 자판기 옆 벤치에 앉아 커피를 홀짝거리며 누군가
를 기다리는 희수.
선우가 활기찬 걸음으로 녹음실로 향한다. 저 멀리 희수가 벤치
에 우두커니 앉아 있는 게 보인다. 선우의 표정이 밝아지며 더 빠
르게 걸어갈 때 복도 중간의 비상구가 열리며 세윤이 불쑥 튀어
나온다. 순간적으로 몸을 돌려 숨는 선우. 세윤이 희수를 부르고
희수가 화답하는 소리를 기둥 옆에 몸을 숨겨 듣는다. 웬일인지
선우의 표정이 살짝 굳어진다. 그런 선우의 표정에서 디졸브.

40   희수 집 · 앞 (밤)

희수 집 앞으로 소형차가 서고. 차에서 내리는 희수. 세윤이 첼로를 집 앞까지 옮겨다 준다.

선우, 소형차가 떠나자 한숨을 내쉬며 기지개를 크게 켜다가 명한 표정으로 있다. 망연한 표정으로 희수 집을 올려다본다.

선우　　(창문을 올려다보며 마치 애인한테 인사라도 하듯) 간다.

그러다 시계를 보더니 핸드폰을 열어 가게에 전화를 건다.

41　　　희수 집 · 창가 (밤)

창문 사이로 선우 차가 지나가고. 한 발짝 물러나서 선우 차를 지켜보던 희수, 핸드폰을 연다.

42　　　도로 (희수 집 골목) — 선우 차 안 (밤)

달리는 선우 차 안. 선우, 계속해서 민기와 통화를 한다. 좁은 골목길 마주 오는 어떤 소형차가 상향등을 갑자기 켠다. 선우 급하게 틀어 겨우 피한다.

선우　　그 새끼 운전 더럽게 하네. 어? 너한테 그런 거 아냐.

문 실장 어디 있냐? 왜 전화 안 받는 거야? ……밑에
내려가봤어? 못 봤어? 하여튼 알았어.

핸드폰을 옆자리에 내던지고 속력을 더 낸다.

43   도로 (희수 집 부근) — 선우 차 안 (밤)

선우 차 안.
선우, 속력을 더 낸다. 그러다 무언가 생각에 잠기는 표정을 짓더
니, 급제동을 밟고 핸들을 급하게 꺾으며 중앙선을 넘는다. 굉음
을 내며 유턴해 쏜살같이 오던 길을 내달리는 선우.

44   희수 집·앞 (밤)

멀찌감치 차를 세우고 조심스레 희수 집 앞으로 다가간다.
희수 집 앞, 옆 골목으로 마치 숨어 있는 것처럼 소형차가 서 있
다. 보닛을 손으로 만져본다. 열기를 느낀다. 위를 본다. 불이 켜
져 있다. 인터폰을 누를까 핸드폰을 할까 고민하다 핸드폰을 속
주머니에 집어넣고 단추를 잠근다. 좌우를 살피다가 뒤로 몇 걸
음 물러서더니 전속력으로 뛰어가 가볍게 담을 넘는다. 안에서
문을 열고 인터폰을 누른 다음 다시 닫고 현관 앞까지 가볍게 뛰

어간다. 인터폰을 통해 허공에 울리는 희수 소리. "누구세요?"
잠시 후, 집 안 현관문이 열리자 빠르게 뛰어들어 희수를 밀고 들
어간다.

45   **희수 집 · 안 (밤)**

현관문이 열리자 빠르게 희수를 밀고 들어오는 선우. 기겁하는
희수. 선우 고개를 돌리면 상의를 벗은 채 욕실에서 막 나오던 세
윤, 선우를 발견하고는 후다닥 거실 창문 쪽으로 도망친다.
선우, 소파를 뛰어넘어 몸을 날린 채 세윤의 목을 잡고 바닥으로
뒹군다. 번개같이 빠르고 정확한 동작을 보여준다. 세윤 나가떨
어지고 테이블 위에 올려져 있는 소품들이 우르르 쏟아지며 박
살 나거나 사방으로 튄다. 일어서는 세윤을 다시 가격하는 선우.
세윤이 나가떨어지는 것을 본 희수, 선우에게 달려든다. 선우, 희
수를 밀쳐내며 우발적으로 주먹을 들었다가 꼿꼿이 쳐다보는 희
수를 차마 내리치지 못하고 주먹을 내리며, 일어서는 세윤에게
시선을 돌린다. 세윤 다시 기를 쓰며 일어서는데 무언가 흉기가
될 만한 것을 들고 있다.
선우, 세윤이 달려들자 몸을 살짝 피하면서 옆에 있는 진열대로
던져버린다. 한 방에 나가떨어지는 세윤. 진열대가 쓰러지면서
박살 나는 원앙새 스탠드. 비명을 지르며 울음을 터트리는 희수.
숨을 약간 헐떡이며 쓰러져 있는 세윤. 그런 세윤에게 달려가 부

둥켜안고 오열하는 희수.

둘을 번갈아 내려다보고 있는 선우. 거실에 있는 의자를 당겨와 앉는다. 호흡을 정리하며 희수를 쳐다본다. 어떡해야 되지? 하는 표정의 선우.

一플래시컷

강 사장　　네가 처치하든지 바로 전화해. 내가 속고는 못 살잖냐.

선우, 잠시 고민하다 일단, 핸드폰을 꺼낸다. 안주머니에서 강 사장이 주고 간 명함을 꺼낸다.
숨을 가볍게 헐떡이고. 명함 내의 번호와 쓰러져 있는 세윤과 그런 세윤을 안고 구슬프게 흐느끼고 있는 희수를 번갈아 본다.

선우　　　지금 어디다 전화하는지 아시죠? 마지막으로 할 말
　　　　　　있어요?

희수, 천천히 고개를 들어 눈에 한가득 눈물을 담은 채 선우를 쳐다본다. 번호를 하나하나 꾹꾹 누른다. 그럴 때마다 울지 않으려고 안간힘을 쓰는 희수의 눈에 눈물이 주르륵 흘러내린다. 마치 눈물 나오는 버튼을 누르기라도 한 것처럼. 누를 때마다 들리는 버튼음은 찬물을 끼얹은 듯 냉랭한 정적 안에서 자극적으로 들린다.
마지막 번호를 누르고 전송을 누르려고 할 때, 여기서 선우는 고

민에 빠진다. 눌러야 되나? 누르지 말아야 되나? 이상하게 숨은 점점 더 가빠오고 엄지손가락이 전송 버튼 위에 올려져 미세한 경련을 일으킨다. 안간힘을 쓰며 흔들리는 희수의 작은 어깨가 왠지 인상적으로 느껴진다.

그런 희수를 쳐다보며 희수는 자신의 처분만 기다리는 무기력한 앳된 여자아이일 뿐이라고 선우는 생각한다. 선우, 마지막 버튼을 누르기 바로 직전 천천히 손을 떼고 폴더를 닫는다. 오열하다 의아한 표정으로 선우를 바라보는 희수.

46   상하이 호텔 (밤)

객실 안에서 창문을 통해 상하이 시내를 내려다보던 강 사장, 어떤 느낌이 들어 힐끗 자신의 핸드폰을 쳐다본다. 침대 옆에 놓인 핸드폰을 바라보며 다가와 내려다보는 강 사장. 핸드폰을 천천히 들여다본다.

47   희수 집·안 (밤)

무거운 정적. 집 안은 마치 부부 싸움 뒤의 풍경처럼 어지럽혀져 있다. 강 사장이 보낸 스탠드도 두 동강 나 있다. 선우, 울음을 추스르려고 간헐적으로 어깨를 들썩이는 희수를 바라보며 핸드폰을 만지작거린다. 깊고 어두운 한숨 소리.

선우   (무언가 생각에 빠져 있다가) 좋아. 이렇게 합시다.
            기회를 줄게. 잘 들어요. 두 사람. 나와 한 가지만
            약속해. 두 사람은 이 시간 이후로 절대 만나는 일
            없는 거야. 오늘 일은 나를 포함해서 우리한테는
            없던 일이고 존재하지 않는 시간이지. 전부 지워버려.
            기억뿐 아니라 습관에서도 지워내. 어렵다는 말 하지
            마. 두 사람이 생각하는 것 이상으로 심각한 상황이
            될 수 있으니까. (털어버리듯 호흡을 바꾸며) 길게
            생각할 필요 없을 것 같아. 자네 빨리 옷 입고 나가.

세윤, 옷을 집어 들다 희수와 눈이 마주친다. 수치심, 분노, 모멸
감이 섞인 세윤의 시선과 희수의 막연히 슬프고 흥분된 시선이
서로 교차된다. 애써 희수의 시선을 외면하고 터벅터벅 걸어 나
가는 세윤.

희수   세윤아…….

아까 희수를 거칠게 밀쳐낸 게 다소 미안했던지 선우, 희수에게
다가가 손을 내민다. 유난히 작고 가는 손목 위에 파리한 손가락.
그녀의 떨리는 어깨선과 흐느낄 때마다 부풀어졌다가 꺼지는 작
은 상체. 이 모든 게 선우에게 묘한 감정을 일으킨다. 더 이상 희

수의 손목을 잡지 못하고 힘이 풀린 것처럼 스르르 놓는다.

선우   희수 씨.

희수   (대답 없이 고개만 파묻은 채 울고만 있다)

선우   저기요…… 희수 씨.

희수   ……그게 지금부터 지워버려! 그럼 지워지는 거예요?

정말…… 그렇게…… 생각하는 거예요?

선우   ……이게 ……전, 최선의 방법을 찾은 것뿐이에요.

희수   (복받치듯 크게 흐느끼다가 자제하려고 애를 쓴다)

정말이지 아저씨들…… 정말이지, 대단하신 것

같아요. 네 맞네요. 그런 것 같네요.

선우   희수 씨.

희수   저 더 이상 할 말 없거든요. (울음은 줄어들지 않는다)

할 말 없다는 거 아시잖아요. 생명의 은인이니까

고맙단 말이라도 해드려요? 아저씨 말대로 그렇게

할게요. 지금부터 잊어버리면 되는 거잖아요.

지워버리면 되는 거잖아요!

희수, 울다가 지쳐 쓰러질 것 같은 표정으로 겨우겨우 말을 이어
나간다.

희수   그만 가세요. 저 힘들어요.

선우   …….

희수   (또다시 울먹이며) 정말…… 그런 거 아니잖아요.
         지워지는 게 아니잖아요.

선우, 무언가 입을 열려다가 핸드폰 소리 울리고 번호를 확인하
곤 받는다.

선우   (낮고 침울한 목소리로) 어. 알았어. 갈게.

선우, 핸드폰을 끄고는 뒤도 돌아보지 않은 채 성큼성큼 밖으로
나가는데 등 뒤에서 문이 '쾅' 하고 닫히는 소리가 들린다.

48   **호텔 나이트클럽·룸 안 (밤)**

문을 열자 문석과 백 사장이 여자들을 끼고 한바탕 질펀하게 술
판을 벌이고 있다.

문석   (업된 목소리로) 어~ 김 실장. 도대체 어디 갔다 온
         거야? 어서 들어와.

선우, 문석이 가리키는 쪽을 쳐다본다. 작달막한 체구에 날카로
운 눈매를 가진 백 사장이 중앙에 앉아 있다. 입은 웃는데 눈은
가늘게 선우를 노려본다. 선우, 백 사장은 쳐다보지도 않은 채 비

껴 앉는다.

문석	뭐 했어? 뭐가 그렇게 비밀로 하는 일이 많아?
선우	무슨 일이야?
문석	(여자들을 물리며) 너희들 이제 나가봐. 수고했다. 여기 인사해. 백상기획 백 사장님이셔. 통화만 있었고 제대로 인사가 없었다고 이렇게 오셨대요.
백 사장	전엔 실례가 많았어요. 애들끼리 뭔가 서로 오해가 있었던 거 같더라구요.
선우	그 말씀 하시러 오신 겁니까?
문석	(분위기를 바꾸려고) 아 그것도 있고 사실은 오늘 여기 백 사장님이 우리 클럽에 재미있는 계약 건을 가지고 오셨어.
선우	서로 오해 없었구요, 그게 뭡니까? 우리가 뭐 양아치입니까?
문석	(표정이 뜨악해진다) 김 실장!
선우	넌 가만히 있어.
백 사장	(역시, 입은 웃는데 표정이 순간 싸늘해진다) 허허.
선우	다음부터 애들 가지고 장난치지 마십쇼!
문석	야! 김 실장! 오늘은 백 사장님 내 손님으로 오신 거야! 시발, 나한테 이렇게 해도 되는 거야?
선우	(싸늘하게 또는 한심스럽다는 시선으로) 너한텐 그렇게 해도 돼.

문석   (갑자기 테이블 위의 병을 주먹으로 박살 내면서 선우를
노려보며 낮고 음침하게) 야. 김선우. 지금 네 세상인 거
같지? ……후회할 짓 하지 마라.

문석의 주먹에서 피가 뚝뚝 떨어진다. 문석을 가만히 쳐다보던
선우, 문석의 피가 테이블을 타고 바닥으로 떨어지는데 상관하
지 않고 찬바람을 일으키며 벌떡 일어서 나간다. 백 사장, 안면
근육이 실룩거리지만 계속 허허실실 웃고 있는 척한다.

49   도로 (다리 부근) — 선우 차 안 (밤)

선우 차 안.
냉랭한 기운이 무표정한 선우 얼굴에 감돈다. 뒤쪽의 폭주 차가
계속 빵빵거리며 하이라이트를 껌뻑거리다가 급기야 선우 차를
앞지르려고 한다. 그 차가 옆에 붙더니 조수석에 탄 나이 어린 녀
석 하나가 창문을 열어서 선우를 쳐다보며 '캬악, 퉤' 하고 침을
뱉곤 쏜살같이 내달린다. 선우, 상대를 안 하려다가 갑자기 속력
을 내며 앞차를 앞지르고는 급커브를 틀어 앞차를 막는다. 폭주
차, 급제동으로 겨우 추돌을 면한다.
선우, 차에서 내려 단추를 잠그고는 빠른 걸음으로 급제동한 폭
주 차로 다가간다. 차에 탄 젊은 애들, 성질을 내며 내리는데, 내
리는 걸 한순간도 망설임 없이 그대로 한 방 갈긴다. 조수석의 녀

석이 달려들자 역시 한두 방으로 해치운 뒤 운전석으로 가서 차 키를 빼내 다리 밑으로 던져버린다.
풍덩!

50 **선우 오피스텔 · 주차장 (밤)**

꿍음을 내며 들어오는 선우 차.
선우, 차를 세우고 문을 닫는다. 적막한 주차장 안에 이상한 싸늘함이 감돌아 위험한 낌새를 느낀다. 차 트렁크를 열어 야구방망이를 꺼낸다.

선우   (얼굴에 피로감과 짜증이 확 하고 일어난다) 누구야? 나와. 백 사장이 보냈냐? 나와 새끼들아. 나와! 안 나와?

기둥 사이로 어두운 그림자가 움찔거리더니 잠시 후 불빛 안으로 걸어 들어온다. 벙거지 모자에 안경, 점퍼와 무릎 나온 바지의 평범한 차림새이지만 왠지 힘이 느껴진다.

선우   너 혼자야? (야구방망이를 바닥에 던져버리고) 그냥 붙자.
오무성 ……나 삼선교 오무성이다.

선우   (구두끈을 꽉 잡아당기며) 삼선교든 삼신교든 그냥
　　　　　　　와라. 말하기도 귀찮다.

오무성, 저벅저벅 선우에게 걸어온다.
편안하게 그냥 쑥 들어온다.

오무성   흥분하지 마라. 그냥 말 전하러 온 거니까.

선우   (잔뜩 웅크리고 있다 자세를 풀며) 말해.

오무성   사과해라. 그럼 아무 일도 일어나지 않는다.
　　　　　　　잘. 못. 했. 음. 이 네 마디야. 네 마디만 하면 적어도 끔
　　　　　　　찍한 일은 피할 수 있다. 잘. 못. 했. 음. 딱 이 네 마디야.
　　　　　　　평생을 후회하게 될지도 모르잖아.

선우   그. 냥. 가. 라……. 나 벌써 후회할 짓 한 것 같거든.

오무성   다시 한번 생각해봐.

선우   (피곤하다는 말투로) 개헛소리 그만하고 몸 성할 때
　　　　　　　그냥 가라.

오무성, 선우를 편하게 내려보다 음산한 웃음을 지으며 뒷걸음
치다 돌아나간다. 오무성이 빠져나간 뒤 한동안 넋 나간 사람처
럼 멍하니 서 있다가 야구방망이를 들고 성큼성큼 자기 차로 가
더니 차 리모컨을 누른다.
열린 줄 알았는데 차가 안 열리자 리모컨을 창문을 향해 살벌하
게 내던지며 차 헤드라이트와 창을 히스테리컬하게 돌아가며 부

순다.

51　　　**도로 (질주) — 선우 차 안 (밤)**

완전 박살 난 차를 몰고 여의도공원 옆을 쏜살같이 달려가는
선우.

52　　　**희수 집 · 안 (밤)**

또다시 현관을 밀고 들어가는 선우.
잠옷 차림에 퉁퉁 부은 얼굴로 소스라치며 기겁하는 희수.
희수의 손을 잡아끌고 와서 자기 앞에 앉힌다.

선우　　　궁금한 게 있어서 다시 왔어요. 자 선택해봐요.
　　　　　(핸드폰과 강 사장의 명함을 꺼낸다) 이건 강 사장이
　　　　　지금이라도 전화를 받을 수 있는 연락처입니다.
　　　　　(번호대로 핸드폰 키를 꾹꾹 누른다)
희수　　　(놀라며) 뭐 하시는 거예요?
선우　　　다시 한번 아까 그 시간으로 돌아가보는 거예요.
　　　　　내 판단이 틀릴 수도 있으니까.
　　　　　(역시 마지막 전송 버튼만 남겨둔다) 어떻게 할까요?

　　　　　　　　　　　　　　　　　　　　　달콤한 인생

	누를까요? 아까처럼 그냥 덮을까요?
희수	아까 말씀하시던 건 뭐였어요? 아까는 무슨 생각으로 하신 거예요?
선우	몰라요. 나도 그게 궁금하거든요. 나도 몰라서 이러는 거예요. 내가 왜 안 눌렀을까? 왜 그 순간에 안 눌렀을까? 그 시간이 다시 오면 또 그럴까? 그런 생각으로 온 거거든요?
희수	이게 최상의 방법이고 선택이라면서요.
선우	아뇨. 거기에 난 없었던 것 같아요.
희수	…….
선우	자 선택해봐요.
희수	이제 와서 뭘 어떻게 하겠단 거예요. 내가 선택할 수 없다는 거 아시잖아요.
선우	전화하지 않은 이유를 생각해봐요!
희수	……애꿎은 사람이 희생당할 수도 있는 문제였어요.
선우	그 친구 전 상관 안 합니다.
희수	(천천히 고개를 들면서 선우를 똑바로 쳐다본다) 그럼…… 저 때문이었어요?
선우	뭐요?
희수	……다시 물을게요. 저…… 때문이었어요?

웬일인지 선우는 온몸에 힘이 쭈욱 빠져나가는 기분을 느낀다.
한동안 서로 아무 말 없다.

각본

희수가 그렁그렁한 눈망울로 선우를 빤히 쳐다본다.

선우   아뇨……. 그런 거 아니에요.

53   도로 (여의도) ― 선우 차 안 (새벽)

박살 난 선우 차가 여의도 한복판에 세워져 있고 그 안에 선우가
멍하니 앉아 있다. 한 손엔 핸드폰이 한 손엔 강 사장 명함이 들
려 있다. 여명이 밝아오고.

54   인천공항 (낮)

공항 로비를 빠른 걸음으로 걷는 강 사장의 모습이 실루엣으로
보인다.

55   도로 (영종대교) ― 강 사장 차 안 (낮)

달리는 차의 시점으로 거대한 영종도 대교의 상판이 화면을 꽉
채운다. 강 사장, 각지고 짙은 선글라스 때문에 표정을 읽을 수
없다. 핸드폰을 만지작거린다.

벽에 등을 대고 멍한 표정으로 앉아 있다. 어제 일들이 두서없이 빠르게 컷인된다. 핸드폰이 울리자 회상에서 깨어나며.

선우   여보세요. 응. 도착하셨어? 알았어. 바로 나갈게.

핸드폰을 끊고 무겁게 일어서는 선우.

• 정신을 차리려는 듯 세안을 하고선 거울을 통해 자신을 바라본다. 가볍게 한숨. 거실 핸드폰이 울린다. 후다닥 나가 전화를 받는다.

선우   (문석 목소리가 들리자 표정이 좀 굳어진다) 어.
문석(소리) 난데. 오늘 안 나와도 된다.
선우   ……그래?
문석(소리) 그래. 사장님이 전화하신단다, 야.
선우   어. 알았어.

전화를 끊는다. 느낌이 좀 이상하지만, 오히려 그냥 쉬는 게 낫다는 표정이다. 핸드폰을 잠시 내려보다 희수의 전화번호를 찾더니 통화 버튼을 누른다. 신호가 가지만 받지를 않자 취소 버튼을 누르고 한숨을 내쉰다.

선우   다 각자의 삶이 있는 거지.

재킷을 들고 밖으로 나간다.

57   희수 집 · 안 (밤)

희수 핸드폰을 내려다보며 부재중 목록을 확인한다. 멍하니 소
파에 웅크린 채 앉아 있다가 내려오면서 주방으로 간다. 냉장고
문을 열더니 물을 꺼내 주전자에 따른다.

희수   ⋯⋯커피 드실래요?

카메라 팬하면 강 사장 앉아 있고.

강 사장   전화 왜 안 받아?
희수   안 받아도 되는 전화예요. 커피 드려요?

강 사장 굳은 표정으로 있다가 씨익 웃으며 고갯짓을 한다.

강 사장   아니 괜찮아. 금방 가봐야 돼. 여기 앉아봐.

희수, 강 사장 맞은편에 앉고 강 사장이 주섬주섬 주머니에서 무

언가를 꺼낸다. 작은 선물 포장. 강 사장, 시계를 들여다보며 일어서며.

희수	가시게요?
강 사장	가봐야 돼. 나, 가면 풀어봐.
희수	…….
강 사장	근데 표정이 왜 그래? 무슨 일 있어?
희수	아뇨……. 아저씨!
강 사장	?
희수	저…… 이사 갈려구요. 집 내놨어요.
강 사장	! (희수를 보다가 뜬금없이) 내가 널 왜 좋아하는지 아니?
희수	?
강 사장	누가 뭐라든…… 어떻게 하든, 남 신경 안 쓰잖아. 그게 재밌어. 어려서 그런가? 하고 생각해봤거든. 그런데도 난 널 또 이렇게 찾아오잖아? 찾아오게 만들잖아. 그런 게 재밌어. 그게 뭘까? 뭐…… 어린 것도 잘난 거지.

말뜻을 알 수가 없어서인지 희수의 표정이 점점 긴장되어가면, 강 사장, 희수를 또렷이 쳐다보다 희수에게 다가간다. 희수 흠칫 놀라 몸을 움찔한다. 강 사장, 그런 희수를 무표정하게 잠시 바라보다 싱겁게 웃으며 희수 머리를 툭툭 치듯 쓰다듬는다. 강 사장,

나가면서 두 동강 나 한쪽에 비스듬히 세워진 스탠드를 슬쩍 쳐
다본다.

강 사장 나가고 덩그러니 혼자 남은 희수. 금방이라도 쓰러질 것
같은 표정으로 이마에 손을 갖다 대더니. 강 사장이 주고 간 선물
을 풀어보지도 않고 쓰레기통에 던져버린다.

희수   (혼자 소리로) 지겨워…….

58   선우 집 근처 편의점 (밤)

선우 오피스텔 부근 편의점.
선우가 편의점에 들어가 캔맥주와 피스타치오를 산다. 한쪽 구
석에 동남아 노동자처럼 보이는 외국인들 서너 명(필리핀 갱)이
모여 작은 소리로 수다를 떨고 있다.
선우, 계산대에서 동남아인들을 힐끗 보다가 점원이 바코드를
다 찍자 캐셔 뒤에 진열된 담배를 하나 달라고 한다.

59   선우 오피스텔 (밤)

창틀에 앉아 담배를 물고 불을 붙여 한 모금 빨아본다. 훅 하고
연기를 내뿜는다. 담배를 내려다본다. 싱크대 물을 틀어 담배를

끈 뒤 네모반듯한 휴지 위에 올려놓고 접어서 휴지통에 버린다.

시간 경과.

빈 캔과 너저분하게 수북이 쌓인 피스타치오 껍질들. 멍한 표정
으로 누워 불을 껐다 켰다 한다. 암전. 어둠 상태에서 이상한 느
낌이 들어 다시 불을 켠다. 불이 들어오자 그 옆에 누군가 서 있
다. 편의점에서 봤던 험악하게 생긴 필리핀 갱들.

반사적으로 빈 캔을 들어 한 명을 갈긴다. 그러나 살벌하게 달려
드는 필리핀 갱들한테 무참하게 당한다. 이상하게 생긴 곤봉이
비틀거리는 선우를 향해 벌떼같이 달라붙어 쏟아진다.

몇 차례 반격에도 다시 일어나 덤벼드는 필리핀 갱들한테는 역
부족이다. 거의 실신이 되었는데도 끝없이 쏟아지는 곤봉 세례.
축 늘어진 선우의 전신 이곳저곳을 끊임없이 가격한다.

간헐적으로 선우의 신음 소리 들리고 바스락거리던 스탠드도 꺼
진다. 어둠 속에서 필리핀 갱들의 거친 호흡 소리. 불이 켜지고
오무성이 서 있다. 오무성이 선우에게 다가가 상태를 살피더니
포대 자루를 가지고 오라고 한다.

60   창고 (밤)

선우, 정신을 차려 주위를 둘러본다. 거대한 창고, 한쪽에 몸이
밧줄에 묶여 있다.

건너편 구석에 필리핀 갱들이 장작불 앞에 모여 무표정하게 선우를 바라본다. 건조하게 자기들끼리 무슨 말을 주고받더니 씨익 웃는다. 필리핀 갱 한 명이 걸어오면서 선반에 올려져 있는 곤봉을 들고 선우 앞으로 터벅터벅 걸어간다. 무언가 선우 머리 위로 빡! 소리를 내며 내리쳐진다. 암전.

61   창고 (밤·비)

다시 의식을 찾은 선우.
아니 창고 어디선가 들리는 쏟아지는 빗소리 때문에 깨어났는지도 모른다. 이마 위에서 흐르는 무언가 찝찔한 액체가 입술을 적신다. 그 찝찔한 맛에 정신을 차리면 사무실 쪽에서 간헐적으로 웅성거리는 소리만 들린다.
잠시 후 문이 열리고 오십대 아줌마가 들어와 창고 안을 청소한다. 아줌마는 처참하게 늘어진 선우는 아랑곳하지 않고 무심하게 청소를 하거나 정리를 한다. 걸레질을 하며 선우 밑으로 흘러내린 피를 닦아낸다.

선우   (아줌마를 기력 없이 부른다) 여보세요.

들은 척도 하지 않는 아줌마, 청소가 끝났는지 문밖을 향해 청소 끝냈다고 하자 누군가의 발소리가 들린다.

잠시 후 그 누군가가 후두둑 우의에서 빗물을 털며 들어와 선우 앞으로 다가온다. 백 사장과 오무성이다.
선우, 놀랍지만 예상한 대로라고 생각한다.

선우   (힘겹게 고개를 들어) 당신…… 지금 무슨 짓을
            저지르고 있는지 알아?

백 사장, 시큰둥한 반응을 보이며 선우 앞을 왔다 갔다 한다. 깡통 안에서 새 곤봉을 고르고 있던 오무성이 묵직한 놈을 하나 잡아 선우 앞으로 다가온다.
오무성 천천히 곤봉을 든 채, 손목을 돌리며 다가온다. 선우가 밀리지 않으려고 무언가 말을 꺼내려고 할 때, 곤봉이 우지끈 어깨를 강타한다. 악! 고개가 힘없이 밑으로 떨어지고. 곤봉이 빠개져나간다. 다리가 휘청하며 무릎을 꿇을 뻔하다가 겨우 견디어낸다. 오무성이 빠개진 곤봉을 보며 이거 왜 이래? 하는 표정을 지어 보인다.

백 사장   (피가 옷에 튀자 인상을 찌푸리며) 어이, 지저분하게
            시간 끌지 말고 치워버려.

그 소리에 필리핀 갱들이 비닐로 둘둘 만 몇 개의 포대 자루를 함께 들고 들어온다.
오무성이 곤봉을 던져버리고 고무장갑을 낀 뒤 연장통을 열어

각종 연장들을 챙긴다. 비닐 뭉치와 포대 자루, 그리고 오무성이
고무장갑 낀 손으로 생선 칼을 고르는 모습을 보다가 더 이상 견
디지 못하고 급기야 오바이트를 쏟아내는 선우.
백 사장이 "어이구 저런" 하며 웃음을 터뜨리며 다가온다.

백 사장   천하의 김 실장님이 이게 무슨 짓이야? 쯧쯧 (수건을
             꺼내 입가를 닦아주며) 에이, 선수가 얼굴을 왜 그러고
             있어요. 스타일 구기게? ……웃어요, 웃어.

선우   (희미해지는 의식을 겨우 이어가며) 넌 이제 끝났어.
             우리가 가만둘 것 같아?

백 사장, 또다시 푸! 하며 터져 나오는 웃음을 손으로 막는다.

백 사장   이 아저씨 몰라도 한참 모르시는구만.

필리핀 갱과 오무성, 선우 앞에 비닐을 펼쳐놓고 다라이를 밑에
갖다 놓은 뒤, 생선 끊는 칼과 사시미 칼, 갈고리 등을 꺼낸다. 비
린내가 코끝에 풍기는지 인상을 찌푸리는 백 사장.
오무성이 선우의 윗도리를 걷어 올리고 다라이를 밑에 갖다 댄
다. 오무성이 칼을 들어 올려 선우의 배에 대고 다시 다라이를 잘
받치려고 조금씩 발로 위치를 맞춘다. 백 사장, 메스껍다는 듯 더
욱 인상을 구기고 그때, 창고 구석에서 전화가 울린다.
오무성과 백 사장, 무슨 전화지? 하는 표정으로 서로를 쳐다보

다 백 사장이 전화를 받는다. 백 사장 찝찝한 표정으로 전화를 끊고 오무성을 부른다. 둘이 한동안 귓속말로 무언가를 주고받는데 선우는 오히려 그들의 소곤소곤 나누는 소리가 더 끔찍하고 전율스럽다. 백 사장이 힐끔 선우를 쳐다보며 먼저 나가고 오무성이 고무장갑을 벗더니 선우에게 터벅터벅 걸어와 주먹으로 한 방 갈긴다.

62   공사장 — 오무성 봉고 안 (밤·비)

강한 빗줄기가 봉고 차의 차창을 때리고, 선우는 머리에 검은 봉다리 씌워진 상태로 오무성파 패거리들과 필리핀 갱들에게 둘러싸여 초라하게 앉아 있다. 선우가 고개를 들려고 하면 어디선가 주먹과 발이 날아들어 온다.

누군가   숙여! 씹탱아!

오무성, 앞좌석에서 힐끗 고개를 돌려본다.

63   공사장 / •63A 공사장 부근 — 강 사장 차 안 (밤·비)

봉고가 멈추고, 문이 스르르 열리면 선우가 누군가의 발길질에 차여 굴러떨어진다.

문이 쾅 하고 닫히고 부르릉 떠나는 봉고.

선우, 머리에 씌워진 검은 봉다리를 벗고 고개를 들어보면 맞은 편에 검은 승용차 한 대 서 있고 헤드라이트에 불이 들어온다. 눈에 확 하고 들어오는 불빛에 고개를 순간적으로 돌리면 누군가 내려 선우에게 다가온다.

놀라는 선우. 이럴 수가!

강 사장이다.

그 옆으로 문석이 우산을 받쳐 들고 따라온다.

강 사장	왜 그랬냐?
선우	…….
강 사장	왜 전화 안 했냐?
선우	…….
강 사장	너 이런 놈 아니잖아? 도대체 이유가 뭐냐?
선우	…….
강 사장	말 안 할래? ……우리 그만 볼래?
선우	…….

강 사장, 선우를 말없이 내려보다 문석에게 무언가를 지시하고 냉랭하게 돌아선다. 선우, 어안이 벙벙한 채 빗속으로 멀어져가는 강 사장을 무기력하게 바라본다.

강 사장 차가 출발하고.

선우   (아직 충격에서 벗어나지 못한 표정으로 있다가) 너였냐?
       네가 따로 선을 대고 있었냐?

문석   (찝찝한 표정으로) 그런 거 알 거 없고…… 그래 나다.
       너한테 감정 없다. 그냥 난 시키는 대로 했을 뿐야.
       네가 한 가지 실수한 게 있다면 사장님이 너만 믿고
       있다고 생각한 걸 거다.

선우   !

문석   네가 순진하다는 생각은 해왔었지만 그렇게 똥오줌
       못 가릴 줄은 몰랐다. 이 바닥이 원래 이런 거잖아.
       누구 원망하지 마라. 정말 우습다. 세상이란 게 말야.
       너가 내 앞에서 이런 꼴로 있게 될 줄 누가 알았겠냐?
       가만 보면 인간이란 게 좆도 아무것도 아냐. 한 치
       앞을 내다볼 수 없잖아.

선우   (눈을 질끈 감았다 다시 고갤 들어) 어떡할 거냐?

문석   보채지 말고 기다려봐.

누군가 뛰어와 문석에게 핸드폰을 건네준다.

문석   네, 사장님. 네 잠시만요. (핸드폰 송화기를 막고)
       사장님이 너한테 기회를 주신단다. 받을래?

선우, 망설인다.

문석	안 받아? (피식 비웃으며) 끝까지 멋있으려구 하네?

선우, 고민과 갈등 끝에 받겠다는 의사를 보낸다.

문석	사장님 잠시만요. (선우 귓가에 갖다 대곤 자기도 귀를 기울인다)
선우	네.
• 강 사장	(한동안 말이 없다가) 왜 그랬냐?
선우	…….
• 강 사장	뭐냐? 무엇 때문에 그런 실수를 한 거냐?
선우	……둘이 안 만나겠다는 약속만 지켜진다면…….
• 강 사장	계속 말해봐.
선우	……약속만 지켜진다면 모두가 좋아질 수 있다고 생각했습니다.
• 강 사장	아니. 그런 거 말고, 진짜 이유를 말해봐.
선우	네? (입을 열 듯 말 듯하다가) …….
• 강 사장	……말 못 하겠냐?
선우	…….
• 강 사장	문 실장 바꿔.
문석	(얼른 받으며) 네 사장님. 네. 네. 알겠습니다. (주위를 둘러보며) 야 팔 잡아라.

문석 수하 몇몇이 달려와 선우의 팔을 하나 잡아 앞으로 내민다.

선우 있는 힘을 다해 버티어보지만 역부족이다.

문석, 다시 뒤를 돌아보며.

문석   그거 가지고 와.

누군가 파이프렌치 하나를 바닥에 질질 끌며 온다.

진흙탕 위로 선명한 파이프렌치 자국이 남는다.

문석, 윗도리를 벗고 팔을 걷어붙이더니. 뭐 어떡할 사이도 없이

선우의 왼손 위로 파이프렌치가 떨어진다.

악!

64   **공사장 / •64A 공사장 부근 — 강 사장 차 안 (밤·비)**

• 강 사장이 질끈 눈을 감는다.

어금니를 꽉 깨문다. 한동안 그러다가.

• 강 사장   다시 바꿔라.

선우   …….

• 강 사장   너 왜 그러냐? ……그냥 솔직하게 말해봐.

선우   …….

• 강 사장   왜 그랬냐? ……너 ……그 애 때문이냐? 그래서 그런
              거냐?

선우　　　　…….

• 강 사장　　(잠시 망설이다가) 문석이 바꿔.

문석이 다시 전화를 바꾸고는 연신 "네, 네" 하며 고개를 조아린
다. 선우의 왼쪽 손 몇 개의 손가락이 완전히 으깨진 채 손목 위
에서 바르르 경련을 일으킨다.
선우, 통증을 견디려고 어금니를 깨문다.

문석　　　　(핸드폰을 끊고 그걸 보며 쯧쯧 혀를 차며) 일어나. 가자.

• 강 사장이 전화를 끊고 뒷좌석 깊숙이 몸을 기댄다.
얼굴엔 상심과 피로감의 그늘이 깊게 드리워 있다.

• 강 사장　　(운전기사에게) 집으로 가자.

65　　　　　공사장 · 구덩이 (밤 · 비)

비는 계속해서 하염없이 쏟아지고.
문석이 차 안에서 지루하게 시계를 들여다보다가 내린다.
카메라, 차에서 내리는 문석을 따라가면 문석 수하 일행이 구덩
이를 파고 있고 선우가 그 옆에 무릎 꿇고 있다.
문석, 눈짐작으로 깊이를 보더니 터벅터벅 걸어가 한순간도 주

저함 없이 발로 선우를 밀어 넣는다. 그야말로 선우는 악 소리 한 번 낼 겨를 없이 구덩이 안으로 굴러떨어진다.

문석   덮어.

문석 수하 일행들 개미 떼처럼 몰려가 땅을 덮기 시작한다.
선우, 고함과 괴성을 지르며 바닥 위로 오르려 하지만 쏟아지는 흙에 무참히 입이 막힌다. 카메라 앞으로 흙이 다 덮이면.
암흑.

잠시 시간이 흐르고.
덮어놓은 흙이 조금씩 움직이는 것 같더니 선우의 손이, 그다음엔 머리가 땅 밖으로 솟아오른다. 비가 와서 그런지 덮은 흙이 단단하지 않았다. 선우, 사력을 다해 구덩이 밖으로 기어 나오면, 한쪽에서 박수 소리.

문석   어이구 구덩이를 얕게 팠나? 암튼 축하한다. 다시
           살아나서.

66   **공사장 · 폐창고 (밤 · 비)**

선우, 벽 한쪽 구석으로 몰려 있고 문석 수하들에게 호스로 물세

례를 받고 있다.

강력한 물세례가 끝나고 비 맞은 생쥐 꼴이 된 선우 옆으로 검은색 가방이 툭 하고 떨어진다. 뒤쪽으론 문석 수하들이 큰 드럼통에 나무와 장작을 집어넣고 불을 피워 젖은 몸을 말리며 서로들 작은 소리로 히히덕거리고 있다.

문석이 다가온다.

문석   사장님께서 새 삶을 주셨다. 너한테.

선우   (분노와 모욕감 때문에 눈시울이 붉어진 채 문석을
             노려보며) 사람 목숨 가지고 장난치지 마라.

문석   (무시하듯 피식 웃는다) 가방 안에 사장님이 너한테
             주는 선물이 있어. 열어봐.

선우가 천천히 가방을 내려다보자 느닷없이 선우의 다친 정강이를 걷어찬다. 욱! 하면서 앞으로 쓰러지는 선우.

문석   (낮고 음침한 말투로) 말을 하면 들어. 이 새끼야.

선우, 어금니를 짓깨물며 가방을 열어보면 핸드폰이 들어 있다.

문석   (시계를 들여다보며) 15분 주신단다. 사장님이
             궁금해하시는 걸 정리하는 대로 전화드려. 딱 15분야.
             가만, 네 인생의 마지막 15분이 될 수도 있는 거네?

(혼자 키득거린다) 전에 영덕이 때 생각나냐? 그때는
네가 이런 말을 전했었지.
(상체를 굽혀 귓가에 대고) 돌이킬 수 없다. 받아들여라.
그러면서 손모가지 뚝! 그때 대단했어.
(다시 낄낄거리고 웃음 잦아들더니) 15분 잘 보내라.
실망시켜드리지 말고. 생명의 은인이시잖아.
(밖을 보며) 아마 지금쯤 아까보다 구덩이를 세 배쯤 깊
게 파고 있을 거다.

문석, 돌아서 드럼통 쪽으로 간다. 선우, 핸드폰을 바라본다. 고
개를 들어 실내에 있는 문석을 포함한 문석 수하들의 숫자와 상
태, 주변의 폐건축자재들과 삽, 밖에 있는 자동차와의 거리 등을
계산한다.
문석, 힐끔 선우를 쳐다보며 실실 웃는다. 선우 다시 입술을 깨물
고 핸드폰을 든다. 불을 쬐고 있는 문석의 손.
핸드폰을 누르기 시작하자, 들리는 삑삑거리는 버튼음. 통화 버
튼을 누를까 말까 망설이는 선우. 슬쩍 쳐다보는 문석. 무언가 작
게 소곤거리는 선우. 슬그머니 호기심이 발동해서 선우에게 집
중하는 문석.
선우, 한동안 강 사장과 무언가 길게 통화하며 문석을 의식해 몸
을 돌리고. 문석, 다시 실실 쪼개는 웃음을 지으며 궁금증을 못
참고. 선우에게 다가가고 문석이 다가오는 것을 의식하는 선우,
거의 문석과 맞닿을 즈음 전화를 얼른 꺼버린다. 잔뜩 기대를 하

고 왔다가 맥이 풀리는 문석, 피식 웃는다.

문석　　용서를 빌었냐? 결국 이렇게 됐군. 넌 역시 억세게
　　　　　운이 좋은 놈야. 일루 줘봐.

선우, 문석에게 핸드폰을 건네준다.
문석 핸드폰 폴더를 열고 버튼을 누르는데 불이 안 켜진다.

문석　　뭐야…… 밧데리 어디 갔어?

말이 끝나자마자 배터리를 삐죽 나오게 움켜쥔 선우의 주먹이
정확하게 문석의 미간을 향해 내리찍힌다. 헉! 하고 얼굴을 감싸
쥔 채 나가떨어지는 문석. 문석 수하들, 순간 당황하다가 순식간
에 정리하며 선우를 공격한다. 선우, 슬래브로 치고, 상대의 목을
가격하고, 수하들을 피하면서 드럼통 방향 직선으로 치고 나간
다. 드럼통에서 불붙은 각목을 집어 휘두르는 선우. 발차기하는
상대의 다리를 잡아 드럼통으로 밀어 넘기면 드럼통이 넘어지며
불붙은 장작이 흩어진다. 선우, 불 각목을 휘두르며 약간의 대치
상태에 있다가 선우를 쫓아 드럼통을 밟고 뛰어오는 상대에게
불 각목을 던져 가격하고 연이어 달려드는 다른 놈을 달군 못이
박힌 각목으로 종아리를 찍어 당겨 넘어뜨린다. 선우, 불 각목으
로 싸우다 한 놈을 잡아 얼굴을 벽에 처박고, 그대로 밀어 갈아버
린다. 다시 긴장감 도는 대치 상황.

선우　　　부탁이다. 비켜서라.

수하들, 헉헉대며 선우를 노려볼 뿐 어느 하나 대꾸하지 못한다. 마당 반대쪽 폐창고 문에서 이 상황을 발견한 문석 수하 중 하나가 신발 끈을 당겨 매고 달려와 드럼통을 밟고 뛰어 날아 차기를 시도하나 오히려 선우에게 다리를 각목으로 가격당한다. 선우 덤벼드는 한 놈을 잡아 불 각목으로 가슴을 지지며 밀고 간다. 사방에 흩어진 불덩이 잔재들 때문에 문석 수하 일행들이 흩어져서 약간 어설프게 포위한 상태. 그 순간, 선우, 문 쪽 차 있는 곳을 슬쩍 본다. 폐창고 안에서 벌어진 광경을 차 안에서 본 문석 수하, "뭐야?" 하는 표정으로 뛰쳐나온다.

문석　　　(얼굴을 움켜쥐고 있던 문석, 선우가 어떻게 할 거란 걸
　　　　　　예상한 듯) 야 새꺄! 차에서 나오지 마!

그러나 그 소리가 전달될 리 만무하고, 문석 수하가 폐창고 쪽으로 뛰어오면 자동차에 시동이 걸려 있음을 확인한 선우가 느닷없이 한 녀석을 공격하며 길을 튼다.
갑작스러운 공격에 문석 수하들의 전열이 흐트러진다. 선우, 폐창고로 들어오는 어깨의 얼굴을 불붙은 각목으로 강타하고, 뒤돌아 나머지 수하들 쪽으로 각목을 던지며 죽을힘을 다해 자동차로 뛰어간다.

문석	잡아! 놓치지 마!

문석 수하들 우르르 몰려가지만 선우는 이미 자동차에 몸을 실은 상태로 문석 수하들을 향해 돌진하고, 한 녀석이 차에 받혀 몸이 공중으로 붕 하고 뜨면 문석 수하들 아연실색한다. 문석 수하들이 차를 에워싸며 몽둥이질을 하자 자동차, 급하게 폐창고 안으로 돌진한다. 폐창고 안으로 들어가면서 차 옆에 붙어 있던 수하가 입구에 부딪혀 뭉개진다. 핸들을 급하게 꺾자, 차 뒤에 매달려 있던 한 녀석 나가떨어져 불덩이에 처박힌다. 몸에 불이 붙은 어깨, 비명을 지르며 밖으로 튀어 나가고 온통 아수라장이다. 자동차가 다시 폐창고 밖으로 나갈 때 문석, 얼굴에 흐르는 피를 연신 닦아내며 강 사장에게 전화를 건다.

나머지 문석 수하들 한참 떨어져 있는 봉고 차로 향하고. 몸에 불붙은 문석 수하 하나, 빗물 웅덩이에 뒹굴어 불을 끄고, '휴' 하며 멍청히 서 있다가 또 한 번 선우가 모는 자동차에 받혀 멀리 날아간다. 조금 떨어진 건너편에서 이 어처구니없는 광경을 바라보던 몇 명의 문석 수하들 열심히 구덩이를 파다가 멍한 표정으로 빠져나가는 선우의 차를 물끄러미 바라본다.

구덩이 수하 저거 뭐야? 야 그만 파라. 좇됐다.

67   강 사장 집·앞 골목 (밤·비)

강 사장 집 앞 골목 어귀. 강 사장이 탄 차가 급제동으로 선다.
강 사장이 굳은 표정으로 문석의 전화를 받고 있다.

강 사장   무조건 잡아. 무조건 잡는다. 알았어? (화를 삭이는
　　　　　듯하다 갑자기 미친 듯이 소릴 지른다) 너 이 새끼야 정말
　　　　　일 이따위로 할 거야? 그 자식 목을 따 오지 않으면
　　　　　다신 나 볼 생각하지 말아! 알았어? 알았냐구? 대답을
　　　　　해! 이 새끼야! 병신 같은 새끼! 내 너희 둘 아주
　　　　　대갈통을 씹어버리고 내장까지 잘근잘근 씹어서
　　　　　시내에 뿌리고 다닐 줄 알아! 끊어! 개시팔 새끼들아!

강 사장, 분을 못 참고 핸드폰을 앞좌석에 대고 몇 번 내리치다
그냥 던져버린다. 조각난 핸드폰 파편이 운전기사에게까지 튕긴
다. 기사, 얼굴을 감싸고, 강 사장 자제하며 참으려다 또다시 옆
차창을 그대로 주먹으로 갈긴다. 한 방, 두 방 유리창에 균열이
가고 박살이 날 정도로 미친 듯이 내리친 뒤 풀썩 시트에 몸을 기
댄다. 음침한 표정으로 고개 들면서 신음하듯 혼자 소리로.

강 사장   이게 아닌데…… 이러려고 한 게 아닌데……. 도대체
　　　　　어떻게 된 거지?

강 사장, 계속 혼자 중얼거리고.
페이드아웃.

한강 고수부지 (아침 · 비)

비는 아침까지 계속 내리고. 한강 어느 고수부지 커다란 다리 밑
에 버려진 차 한 대. 어제 선우가 도망칠 때 몰고 갔던 차다. 문석
과 문석 수하들 난감한 표정으로 차 주위에 서 있다.
디졸브.

선우 오피스텔 (정오 · 비)

강 사장이 선우의 빈 오피스텔 안에서 우두커니 서 있다.
책상 위에 놓인 희수의 사진을 무표정하게 내려다보다가 엄지와
집게손가락으로 양미간을 꾹꾹 누른다. 소파 위에 떨어진 핸드
폰을 발견한다. 핸드폰을 들어 발신 버튼을 누르면 희수 번호가
뜬다.
디졸브.

호텔 · 앞 — 폐건물 (오후 · 비)

비는 그치고.
6층 정도의 허름한 건물 옥상. 곳곳에 낙숫물이 뚝뚝 떨어진다.
비 맞은 고양이 몸을 부르르 털며 느릿하게 걸어가고.

카메라 천천히 이동하면 공사 중인 난간 위에 아찔하게 서 있는 누군가의 다리가 보인다. 선우가 횅한 모습 같기도 하고 냉혹한 표정 같기도 한 얼굴로 호텔을 내려다보고 있다. 밑으로 강 사장 차가 빠져나가는 게 보이고.

71　　　　강 사장 집 · 안방 (밤)

늦은 밤. 강 사장 집, 안방.
강 사장, 무언가 거실 쪽에서 나는 미세한 소리에 잠을 깬다.
텅 빈 안방 화장실 전경.
강 사장, 긴장한 얼굴로 침대에서 조심스럽게 나온다.

72　　　　강 사장 집 · 거실 (밤)

거실 불을 켠다. 거실 바닥에 신발 자국이 나 있다. 소스라치는 강 사장. 거실 소파 한가운데 선우가 신발을 신은 채 강 사장 딸 수지를 무릎에 안고 있다.

강 사장　　(선우와 자기 딸을 불안하게 번갈아 보며) 수지야,
　　　　　　　이리 와.

선우, 강 사장의 딸 수지의 머리를 쓰다듬어주지만 놓아주지 않는다.

강 사장   수지를 놔줘.

선우   (아랑곳하지 않고) 궁금한 게 있어서 왔어요.

강 사장   수지를 놔줘.

선우   하나만 물어볼게요.

강 사장   정말 이럴 거냐?

선우   진짜 날 죽이려고 했습니까?

강 사장   …….

선우   날 죽이려 했어요? 7년 동안 당신 밑에서 목숨 걸고
         붙어 있던 날?

강 사장   …….

선우   말해봐요.

강 사장   나한테 대답할 게 있잖아.

선우   아니요. 질문은 이제 내가 해요.

강 사장   애를 놔주면 너와 나한테 있었던 모든 일을 없었던
         것으로 하겠다. 수지를 놔줘.

선우   없었던 걸로 하신다구요? 이 좆같은 기억들을 없던
         걸루 하겠다구요?

강 사장   (낮고 음침한 목소리로) 수지를 놔라. 후회하지 말고.

선우   이미 목숨 같은 거 구차하게 미련 갖고 있지 않아요.
         대답해봐요.

달콤한 인생

강 사장   너…… 정말 이럴 거냐?

그때, 강 사장 부인이 선잠을 잔 탓인지 가운만 입고 안방에서 나
오다 거실의 광경을 보고 의아해한다. 부스스한 얼굴과 머리를
정리하며 선우에게 인사를 한다.
선우, 엉겁결에 인사를 받고.

수지   엄마.
강 사장 부인 수지야. 이리 와.
강 사장   (잔뜩 불안하고 긴장된 표정으로 선우를 쏘아본다)

선우, 잠시 고민하다 수지를 스르르 내려준다. 수지 "엄마" 하면
서 뛰어간다.

강 사장   (부인은 돌아보지도 않은 채) 들어가 있어.
강 사장 부인 (영문을 몰라 하지만 어쨌든 손님이란 생각에) 뭐라도
             내와요?
선우   (벌떡 일어나며) 아닙니다. 막 가려고 하던
             참이었습니다.
강 사장   (부인에게) 수지 데리고 들어가. (수지와 부인이
             들어가면) 너…… 그냥 살아 나가는 게 아냐.
선우   (무시하듯) 연락 기다리겠습니다. 연락 안 오면 곧
             다시 찾아뵐게요.

선우, 나가고 강 사장의 얼굴에 어두움이 깃든다.

선우, 현관에 나가 막 문을 열고 나가려 할 때 거울에 무언가 비친다. 순간, 머리 위로 무언가 휙 하고 날카로운 바람 소리를 내더니 옆에 있던 현관 거울이 와장창 박살 난다. 강 사장, 골프채를 들고 휙! 휙! 바람 소릴 내며 선우를 공격한다.

선우 날아오는 골프채를 이리저리 피하면서 뒷걸음을 치며 바닥에서 무언가를 줍는다.

다시 날아오는 골프채, 순간 선우 피하면서 무언가를 휘두르면 강 사장 얼굴 앞으로 휙 하는 소리와 함께 무언가 빛을 받아 번쩍한다. 잠시 멈칫하는 강 사장 뺨 위로 피가 번진다.

선우 날카로운 유리 조각을 움켜쥐고 있다. 움켜쥔 손 사이로 피가 뚝뚝 떨어진다. 강 사장도 골프채를 더욱 단단히 쥔다. 선우, 조금씩 뒷걸음을 치고.

73　　　**강 사장 집 · 엘리베이터 앞 (밤)**

강 사장과 선우 서로 노려보며 대치하다 집 앞 복도까지 나오는데 느닷없이 '땅' 하는 소리와 함께 엘리베이터 문이 열리고 앞집에 사는 사람이 내린다.

앞집 남　　(너무나 점잖게) 안녕하세요?

앞집 남, 두 사람의 상황에는 아랑곳하지 않고 점잖게 인사하고
자기 집 문을 열고 들어간다.
그 틈에 선우는 닫히려는 엘리베이터에 올라탄다.

선우   한 가지만 말할게요. 나 잘못 건드렸어요. (문이 닫힐
               때) 몸 간수 잘하세요.

선우, 적의에 찬 시선으로 냉랭하게 말하고, 강 사장의 눈엔 핏발
이 선다.

74   세미나실 · 문 앞 (낮)

지역구의원, 후원단, 단체장이 우글거리는 세미나실 문을 열고
나오는 백 사장. 가슴에 카네이션을 꽂고 있다.

75   회의실 · 복도 (낮)

백 사장, 복도에 있는 휴지통에다 꽂고 있던 카네이션을 꺾어서
버린 후, 여러 개의 문 통로를 지나 회의실로 간다.

백 사장이 회의실로 들어서자, 강 사장과 문석, 백 회장, 원 회장과 각 패밀리의 보스들이 심각한 표정으로 이야기를 나누다 중단한다.

백 사장   에이 양아치들. 그만 좀 해 처먹지. 우리보다 더하네.

박 사장   손님들이 많은가 봅니다.

백 사장   예. 죄송합니다. 박강일 위원요, 이번에 또
            출마한다고……. 그나저나 얘기 들었습니다. (강 사장
            뺨 위에 난 상처를 보며) 거참 어쩌시다가…….

강 사장   그렇게 됐습니다.

백 사장   그러게 전에 우리한테 끝까지 맡기셨으면 이런 꼴 안
            보시잖아요.

주위의 분위기가 썰렁해진다.
백 사장 다른 사장들의 표정을 보고는.

백 사장   (말실수를 한 것 같아서 분위기를 바꾸며) 죄송합니다.
            표현이…….

강 사장   아니에요. 망치가 가벼우면 못이 솟는 법이죠.
            내 잘못이 큽니다.

백 회장   (분위기를 바꾸며) 일단 정리를 해봅시다. 저희가

어떻게 해드리면 좋겠습니까?

강 사장 (대답 없이 담배 한 모금을 빨고 재떨이에 재를 톡톡 턴다)
몇 년 전 꽤 똑똑한 친구가 제 밑에서 일한 적이
있었습니다. 맡겨진 일들은 전문가처럼 처리했죠.
어느 날 그 친구에게 심부름 하나를 시켰는데
사소하게 생각했었던지 실수를 저질렀어요. 지금
생각해보면 뭐 그렇게 대단한 실수도 아니었어요.
그냥 가볍게 야단치고 끝날 일이었어요. 그런데 이
친구 분위기가 이상한 거예요. 끝까지 자신의 잘못을
인정하지 않는 겁니다. 자신의 잘못이 아니란 겁니다.
아닐 수도 있어요. 내 착오일 수도 있는 거죠. 그런데
조직이란 게 뭡니까? 가족이란 게 뭡니까? 오야가
누구에겐가 실수했다고 하면 실수한 일이 없어도
실수한 사람은 있어야 되는 거죠. '이놈아 다음번엔
잘해' 하고 끝날 일인데 그 친구 손목 하나가
날아갔어요. 잘나가던 친구가 하루아침에 끝장난
겁니다. (물 한 모금을 마시고는) ……이번 일은 손목
하나로 끝날 일은 아닙니다.

주위가 극도로 무거워진다.

백 회장 저희한테 해주실 게…….
강 사장 백상기획 사업안을 받아들이겠습니다.

백 회장	예, 알겠습니다. 저희 쪽으로 이런 일에 능통한
	친구들이 많이 있으니까 염려 놓으시고 조만간
	찾아뵙겠습니다.
강 사장	(용건이 끝나자마자 일어선다) 그럼…… 이만.
백 사장	벌써 들어가시게요? 박 위원도 뵙고 가시죠.
강 사장	뭐 천천히 뵙죠. (모두에게 답례하고 문석에게) 가보자.
문석	네.

강 사장 일어서는데, 그때까지 굳은 표정으로 입을 다문 채 회의
를 지켜보던 빅패밀리의 보스인 원 회장이 강 사장을 부른다.
강 사장, 나가다 말고 원 회장한테 다가가면.
원 회장, 작은 귓속말로,

원 회장	이쯤에서 중단할 생각은 없나?
강 사장	…….
원 회장	그 친구 평판이 좋던 친구 아니었나?
강 사장	회장님은 어떠세요? 평판과 일치하십니까? 제가
	사람을 잘못 봤던 것 같습니다.
원 회장	대체 무엇 때문에 그러나?
강 사장	(잠시 생각하다가) ……이젠 이유가 중요하지 않아요.
	어쨌든 끝은 봐야죠.

77   **호텔 · 스카이라운지 (저녁)**

호텔, 스카이라운지에서 일하던 유미가 전화를 받는다.

유미   네 누구세요? (놀라며 작은 소리로) 오빠! (주위를
           둘러보며) 어디야?

그 소리에 바에 앉아 있던 민기, 고개를 돌리고 유미도 고개를 돌려 민기와 시선을 맞춘다.

78   **거리 — 유미 만남 (밤)**

시내 어딘가. 하이힐의 구두. 한적한 밤거리를 또박또박 걷고 있다. 멈춘다. 카메라 틸트업하면 유미가 가방을 하나 들고 불안하게 좌우를 둘러보며 서 있다. 유미 등 뒤로 건너편 멀리 건물과 건물 사이에 어두운 그림자가 슬그머니 모습을 드러낸다. 어두운 그림자는 유미 쪽을 바라보며 잠시 주위를 둘러보다 빛 안으로 들어온다. 선우가 좌우를 둘러보며 유미 쪽으로 걸어온다. 운동모를 깊게 눌러쓴 채.

유미   도대체 어떻게 된 거야? 무슨 일인데? 둘이 싸운
           거야?

선우	(사태의 심각성을 전혀 모르는 유미가 오히려 천진하게
	보인다) 너 여기 온 거 아무도 모르지?
유미	누가 나 신경이나 써? 야. 이거. 민기 오빠가 액수가
	맞는지 확인해보래.
선우	(가방을 받으며 가방 안에 핸드폰과 옷, 돈을 확인해본다)
	고맙다.
유미	말해봐. 어떻게 된 거야?
선우	민기한테도 고맙다고 전해줘. (유미를 한번 쳐다보며)
	유미야.
유미	뭐.
선우	내가 어떤 사람이냐?
유미	……뭐래?
선우	(덧없는 웃음을 지으며) 조심해. 알았지? 잘 지내구.
유미	야. 김선우! (소리가 컸다고 생각했는지 아주 작은
	소리로) 김…… 선…… 우…… 야!

선우, 바람처럼 어둠 속으로 사라지고.

79   희수 집 · 앞 (밤)

희수 집 앞으로 긴 그림자가 그로테스크하게 드리워지고.
선우, 주위를 두리번거리며 희수 집 앞에 선다.

달콤한 인생

커튼이 쳐진 창문을 바라보다 인터폰을 누른다.

미애	누구세요?
선우	저 김선우입니다.
미애	저 희수 아니구요, 희수 친구인데요. 지금 희수 없거든요.
선우	? ……지금 연락 좀 할 수 있나요?
미애	지금 연락 안 받는데요.
선우	…….
미애	무슨 일 때문에 그러시죠?

선우, 어떡할까 망설이다 포장된 박스를 문 앞에 내려놓는다.

선우	제가 어디 멀리 가는데, 가기 전에 희수 씨한테 뭘 좀 전해드리려는데 대문 앞에 놔뒀거든요. 그것 좀 나중에 전해주세요. ……희수 씨 아무 일 없는 거죠?
미애	네……. 근데 누구시라고 전해드릴까요? 여보세요?

인터폰에선 "여보세요? 여보세요?" 하는 소리만 울리고.

80   **폐항 / • 명구 차 안 (낮)**

거대하고 어딘지 황폐한 느낌이 드는 폐항. 공터 곳곳에 돌풍이
일어나고 사라진다. 저 멀리서 검은 차(명구 차) 한 대가 달려온다.
차가 서는가 싶더니 주위를 경계하듯 선우 옆을 그냥 통과한다.
지나가던 차가 갑자기 유턴을 하더니 멈춰 서서 선우를 향하여
상향등을 껌뻑거린다. 선우가 이쪽으로 오라고 손짓한다. 차가
다시 부르릉거리더니 선우 앞에서 멈춘다. 앞뒤 창문이 동시에
열리고 뒷좌석에 러시아인(미하일)이 뭐라고 알아들을 수 없는
러시아 말을 지껄인다. 앞좌석에서 운전하는 한국 사람 명구가
간단하게 통역을 한다.

명구　　　돈 먼저 봅시다.

미하일　　(러시아 말로 명구에게) 근데 이거 말썽 나는 거 아냐?

명구　　　(러시아 말로) 기다려봐. 뭐 하는 놈인가 알아볼게.

선우가 돈 봉투를 열어 돈을 보여준다.
명구가 확인을 하고선 뒤를 보고 고개를 끄덕거린다.

명구　　　근데 어디다 쓸 거요?

선우　　　그런 거까지 말해야 돼요?

명구　　　확실하지 않으면 돈을 아무리 줘도 물건 못 줘.

선우　　　장사 안 하실 거요?

명구　　　(러시아 말로) 어떻게 할까? 이 새끼 갑자기 쎄게
　　　　　　나오니까 감이 안 잡히는데?

　　　　　　　　　　　　　　　　　　　　　　달콤한 인생

미하일	(러시아 말로) 경찰 끄나풀 아냐? 응? 그런 거 아냐?!
명구	(바로 붙어서 흥분하며 떠드는 미하일한테) 바로 뒤에서 왜 소릴 질러? (혀를 차고) 가만있어봐. 그런 것 같지 않으니까. 음…… 어떡하까?
미하일	(러시아 말로) 그럼 내일 다시 오라고 그래. 돈 가지고.
명구	(러시아 말로) 미하일, 너 같으면 다시 오겠냐?
미하일	(러시아 말로) 왜 이름을 말해? 이름 안 대기로 했잖아, 내가 명구라고 네 이름 밝히면 좋겠어? 시발!
명구	(러시아 말로) 왜 자꾸 소릴 질러? 미하일!
미하일	(러시아 말로) 아 씨발 좃또 명구!

명구, 미하일과 언성을 높이다가 선우가 의식됐던지 검은 선팅의 창문을 올린다.
차 안에서 한동안 티격태격 언성을 높이며 싸우다가 서로 사과하며 진정하더니 결론을 내린다. 다시 창문이 스르르 내려지고.

명구	(다시 진지한 표정이 되어 품속에서 명함을 꺼내며) 내일 4시까지 일루 와요. 다시 얘기해봅시다. 혼자 와야 돼. 그리구 당신 보증할 만한 사람 누구 있어? 우리 확실하지 않으면 물건 못 줘. 내일까지 우리가 알 만한 사람 보증 서봐. 그럼 내일 보자구.

다시 끼이익 소릴 내며 급하게 유턴으로 돌아 나가는 명구 차.

• 명구 차 안, 차 달리고 있는데 명구 핸드폰이 울린다.

• **명구**　　누구지? 모르는 번호인데? (한참을 누구 번호인지

　　　　　　골똘히 생각한다)
• **미하일**　(러시아 말로) 야 명구 운전 똑바로 해! 지금 어디로

　　　　　　가냐? 얏 명구! 아이 시발.

쾅! 소리를 내며 폐항에 버려져 있는 컨테이너를 그대로 들이박
는 명구 차.
수화기를 귀에 댄 상태로 어찌 된 영문인지 몰라 놀란 입을 다물
지 못하는 선우, 한쪽 손엔 명구가 준 명함이 들려 있고, 명구 차
에서 연기가 나고 명구가 손에 샌들을 든 채 비틀비틀 차 안에서
나오다 픽 하고 쓰러진다.

81　　　**밀매 사무실 · 안 (낮)**

러시아 밀매업 한국 지부(부산).
명구와 미하일이 약간의 상처가 나 있는 상태로 붕대를 말고 있
고 그 앞엔 선우가 앉아 있다.

명구　　　그렇게 갑자기 전활 하면 어떡하나?
미하일　　(명구에 비해 가벼운 상처를 입은 상태로 명구를 보며

낄낄거린다) 뭐라고? 통역해봐. 명구.

명구 　　(러시아 말로) 너 웃음이 나오냐?

그때, 문이 열리며 밀수 조직 태웅파의 보스인, 어마어마한 덩치에 걸걸한 목소리를 지닌 태웅이 성큼성큼 들어온다.

태웅 　　(명구와 미하일을 갈구는 눈으로 보며 책상을 돌아 자기
　　　　자리에 앉으려고 하는데 명구의 다리가 걸리적거린다)
　　　　야 다리 좀 쳐.

미하일 　　(러시아 말로) 너네 보스가 지금 뭐라는 거냐?

명구 　　(러시아 말로) 다리 치우래……. 네 다리 말구.

태웅 　　(크고 걸걸한 목소리로) 처음 보는 친구 같은데? 누구
　　　　소개로 오셨다고?

선우 　　(우물쭈물하다) 한 사장님 소개로 왔습니다.

태웅 　　한 사장? 어디 한 사장?

명구 　　경산 한 사장이랍니다.

태웅 　　어! 한상식이…… 근데 한상식과는 무슨 관계야?

선우 　　저희 가게에 러시아 무용수를 공급하고 계시죠.

태웅 　　나이트클럽?

선우 　　네.

태웅 　　그렇구만. 근데 거기서 물건은 왜 찾아?

선우 　　저두 심부름만 하는 거라 자세한 내용은 모르겠구요.

태웅 　　……물건 좀 다뤄봤어?

선우	네.
태웅	어디서?
선우	군대에서요.
태웅	초짜구만.
선우	제가 쓸 건 아니니까…….
태웅	분해 조립도 할 줄 알아?
선우	…….
태웅	야 그거 좀 꺼내 와봐.

명구, 사고 때문에 쩔뚝거리는 발로 캐비닛으로 가서 두루마리 뭉치를 꺼내온다. 뭉치를 받아 풀어보면 안에 권총 두 정과 탄창이 있다.

태웅	(슬쩍 선우의 동태를 살피며) 이런 거 본 적 있어? 이게 자네 군대에서 쓰던 거랑 다를 거야. 러시아가 만들어낸 명품 중의 명품이지.
미하일	스테츠킨!
태웅	응, 이게 스테츠킨이란 건데 이게 케이지비 애들이 쓰던 거걸랑. 돈은 가지고 왔어?
명구	(돈 봉투를 흔들어 보인다)

선우, 총을 가지고 가려 하자 태웅이 선우의 손을 갑자기 꽉 쥔다.

달콤한 인생

태웅	잠깐.
선우	?
태웅	그 전에 신분 확인 좀 해야 될 것 같거든.
선우	말씀드렸잖아요.
태웅	자네 말만 들었지 한상식이 말도 들어봐야지. (선우를 응시하며) 야, 한상식이한테 전화 좀 때려, 오면서 거 다연발도 가지고 와봐. 뭐 잠깐이면 돼. 이 정도는 확인해줘야 우리도 계속 장사를 할 건지 관둘 건지 계산이 설 거 아냐?

선우, 큰일이다 싶지만 어쩔 수 없이 천천히 총을 놓고 손을 스르르 뺀다. 명구 쩔뚝거리며 일어나 나가고 옆에서 그 모습을 보며 낄낄거리는 미하일. 태웅이 선우의 시선에 자기 시선을 박고 조금도 떼지 않는다. 선우, 점점 초조한 얼굴이 되어간다. 약간의 시간이 흐른다. 아무도 입을 열지 않는다. 침묵의 시간이 지루했던지 태웅이 먼저 입을 연다.

태웅	기다리는 동안 간단하게 사용법을 가르쳐줄까? (총 한 정을 3등분 정도로 분해해서 선우에게 밀어준다) 자 나 보고 따라 해봐. 이 정도는 해야 가서 설명을 할 게 아냐? 자 먼저 이걸 돌려 끼워, 그런 다음 이걸 올리고 밀어 넣어. 쉽지? 그런 다음 탄창을 끼워. 간단하지? (다시 빠르게 분해를 한다. 시계를 보더니)

자 눈썰미가 어느 정도 되는지 체크 들어간다. (혼자
신났다) 자 시작!

선우, 약간 헤맨다. 그러면서 한편으론 태웅이 조립하는 걸 유심
히 관찰한다. 조립하는 데 거의 3~4초 정도의 시간밖에 걸리지
않는 태웅. 태웅, 자기는 벌써 조준 자세를 취하고 있는데 아직
헤매고 있는 선우를 보며 즐거워한다. 미하일도 태웅의 조립 속
도를 보며 환호를 지르며 박수를 치고 낄낄거린다. 이때 명구 들
어오며 가방을 테이블 위에 올려놓는다.

명구　　금방 전화 주신답니다.

태웅　　크하하하. 응? 알았어. 자, 그럼 다시 한번 해봐?
　　　　자 이제 동시에 시작해보자, 잉? 하나- 둘- 셋.

그때 태웅의 핸드폰이 울리고, 긴장하는 선우.

태웅　　어이구. 한 사장~ 어 지금 손님이 오셨네?
　　　　……어. 물건 심부름한다는 ……응?

선우의 등줄기에 식은땀이 흐르고, 태웅의 표정이 점점 굳어지
더니 천천히 선우와 총기를 번갈아 본다. 선우, 어떻게 해야 하나
갈등하며 초긴장 상태다. 도망갈까?
선우, 갑자기 총을 들어 조립하기 시작한다. 놀란 태웅, 전화기를

놓치며 허겁지겁 조립하기 시작한다. 테이블 위에 올려놓은 다리를 어리둥절한 표정으로 내려놓는 미하일. 가방을 열어 다연발총을 꺼내려고 허둥대는 명구.

선우가 먼저 조립을 마치고 총을 겨눈다. 사색이 되어버린 태웅. 선우가 방아쇠를 당긴다. 틱틱 이상한 사운드가 들린다. 당황한 선우, 계속 방아쇠를 당겨본다.

순간 태웅, 안도의 한숨을 내쉬며 탄창을 끼우는데 갑자기 빡! 하는 엄청난 굉음이 진동한다. 그 자리에 쭉 뻗는 태웅.

미하일이 고함을 지르며 선우에게 달려든다. 동시에 탕! 탕! 총구에 불이 뿜어진다. 명구가 허겁지겁 다연발 기관총을 꺼내 갈기는데 허둥대다 바닥과 벽으로 두두둑 갈긴다.

잠시…… 그런데 아무도 안 맞는다. 아무 일도 없었다는 걸 뒤늦게 알게 된 미하일, 잠시 멀뚱한 표정을 짓다가 고개를 갑자기 돌리더니 문 쪽으로 도망친다. 선우, 자리에서 벌떡 일어나 뒤쫓아가면서 총을 갈긴다.

82　　밀매 사무실 · 복도 (낮)

미하일, 세 번의 총소리가 나는데도 안 맞은 것처럼 계속 복도를 따라 도망친다. 걸음걸이가 조금 이상하다. 뒤돌아서면 엉덩이에 피가 흐른다. 그러다 갑자기 열리는 문에 부딪쳐 쓰러진다. 소리에 놀라서인지 같은 복도에 사는 할머니가 얼굴을 빼꼼 내민다.

할머니   (문 앞에 쓰러져 있는 러시아인을 보며) 왜 그런 겨?
          또 술 먹은 겨?

선우는 시끄럽네, 고만 싸우라고 잔소리하는 할머니를 다시 안
으로 밀어 넣고 미하일을 질질 끌고 사무실로 들어간다. 미하일
복부에서 흘러나온 피가 복도에 흥건해진다.

83   밀매 사무실 · 안 (낮)

사무실에 미하일을 구겨 넣고 선우, 고개를 돌려보면 언제 맞았
는지 명구는 들고 온 가방에 머리를 박고 엎어져 있다. 명구의 상
체를 일으키자 머리 뒤통수의 반이 어디론가 날아가 있다.
그런 명구를 소파에 눕혀놓고 기운이 풀리는지 스르르 주저앉아
버리는 선우. 내가 왜 이랬지? 하는 표정으로 고민하기 시작한
다. 그때 갑자기 전화벨이 울리고 신호가 몇 번 가다 자동응답으
로 넘어간다.

태구(소리)   형! 왜 전화 안 받아? 나 태구야. 없나? 암튼 오늘
            물건 가지고 들어가요. 한 시간 정도 걸려요.

선우, 더 이상 고민할 시간이 없다. 빠르게 정리하는 선우.

84   서울역 (저녁)

가방 하나 짊어지고 역사를 빠져나와 택시를 타는 선우.
희수에게 전화를 건다. 전화를 받지 않는다.

85   밀매 사무실·안 (저녁)

문을 삐걱 열며 롱 코트의 사내가 들어온다.
태웅의 동생인 태구다.
피범벅이 된 사무실 정경을 무심하게 둘러본다.
바닥에 흥건한 피. 비린내가 사무실 안에 진동한다.
태구, 태웅의 손에서 핸드폰을 힘겹게 뺀다.
발신 번호, 수신 번호를 체크하더니 주머니에 집어넣고 책상 서
랍 작은 금고에서 돈을 꺼낸다. 태구, 다시 사무실을 둘러보다 선
우 명함을 주워 들어 유심히 보면서 복도로 나간다.

86   창고 (밤)

아줌마와 오무성이 밥을 먹고 있다. 문소리가 나자 "어여 내려와
밥 먹어" 뒤도 돌아보지 않고 말하는 오무성. 아줌마 고개를 들
다가 그대로 멈춘다. 오무성, 놀라는 아줌마 표정을 보고는 뒤를

돌아본다.

선우   (약간 숨이 차서) 밥은 됐고. 나 대신 백 사장한테 전화
                좀 해줘야겠다.

오무성, 선우를 노려본다.

선우   (총을 장전하며) 나 시간 없거든. 눈에 힘 빼고
                전화해라. 부탁이다.

87   경부고속도로 · 태구 차 안 (밤)

태구가 무표정한 얼굴로 핸드폰을 툭 던져놓으며 경부고속도로
상행선을 타고 있다. 옆자리엔 뭉뚝한 가방이 놓여 있고.

88   호텔 나이트클럽 · 룸 복도 / • 88A 호텔 · 앞 (밤)

문석, 통로를 걷다가 핸드폰이 울리자 전화를 받는다.
점프컷. 누군가에게(강 사장) 전화를 걸며 빠른 걸음으로 오던 길
을 되돌아가는 문석.

• 강 사장 차가 대기되어 있고 강 사장, 수하를 뒤로하고 계단을 내려오는데 강 사장의 핸드폰이 울린다. 계단 중간에 멈춰 서서 전화를 받으면,

문석　　　지금 김 실장이 부산에서 사고 치고 이쪽으로 오는 모양입니다. 아이들 좀 부르겠습니다……. 여보세요? 여보세요?

• 계단 위의 강 사장, 표정이 순간적으로 굳어지고 잠시 말문을 열지 못하다가.

• 강 사장　　민기 밑으로 내려오라고 해라.

• 강 사장, 차를 도로 차고에 넣으라고 지시한 뒤 내려온 계단을 다시 올라간다.

89　　　　　여의도공원 (밤)

백 사장, 어두컴컴한 여의도공원 가로등 밑에서 혼자 우두커니 오무성을 기다리고 있다.

백 사장　　(핸드폰을 꺼내 오무성한테 전화를 건다) 나 지금 여기 와

있어. (두리번거리며) 전에 만났던 가로등 있고 벤치
맞지? 아까부터 와 있으니까 빨리 오라고. 아까부터
기다리고 있다구.

핸드폰을 닫을 때쯤 어둠 속에서 누군가 이쪽으로 걸어오고 있다.
잘 안 보이는지 눈살을 찌푸린다.
누군가가 어둠 속에서 불빛 안으로 들어올 때 기겁하는 백 사장.

선우   (한기 어린 야유) 왜 그렇게 놀래요? 평생 안 볼지
         알았어요? 웃어요. 웃어.
백 사장   이거…… (얼굴이 일그러지며) 왜 이러시유.
         선수들끼리…….
선우   생각해봤는데…… 많은 사람들이 나쁜 기억들이
         있잖수? 아무리 애를 써도 그게 지워지지 않는
         거거든. 근데 적어도 그 흔적들은 제거할 수 있단
         말이지. 원인 제공자들 말야. 그러니까 백 사장은
         나한테 아주 좆같은 기억이었고 난 그걸 지워낼
         뿐이야.
백 사장   뭐라는 거야? 사람 사는 게, 더러운 거, 볼 거, 못 볼
         거, 다 보면서 사는 거라구. 애들처럼 왜 그래?
선우   되돌릴 수가 없어. 내 기억처럼.
백 사장   ……나 원 참…….
선우   한 가지만 물을게. 넌 나한테 왜 그러는 거냐? 강

사장이 시켜서 그런 거냐? 단순히 돈 때문에 나한테
이러는 거냐?

기가 막힌다는 듯 혼자 고갤 돌려 웃더니 갑자기 순식간에 선우
의 복부를 무언가로 찌른다. 뭔가 따끔하다고 느껴졌을 뿐 워낙
순식간에 일어난 일이라 선우도 멍하게 있다가 당한다. 그사이
백 사장은 두 차례 더 찌른다. 두세 번은 엉거주춤 피하지만 선
우, 옆구리가 축축해져오는 것을 느낀다.

백 사장 날 아주 좆으로 봤구만. 그래. 강 사장이 그러더라.
   네 목 따서 포장해 오라고.
   ⋯⋯뭐야? 그 표정은? 억울해? 억울한 거야? 돈
   때문에 그런 거냐고? 네가 이렇게 된 이유를 도무지
   모르겠지? 엉뚱하게 자꾸 딴 데서 찾는 거지? 날
   찾아오면 안 되지. 이 사람아.

선우, 약간 비틀거리며 옆구리를 움켜쥔다.
백 사장, 그런 선우를 비웃듯 바라보며.

백 사장 이것 봐. 인생은 고통이야. 몰랐어? 똑바로 서봐. 내가
   제대로 가르쳐줄게⋯⋯.

백 사장 흉기를 움켜쥐고 다시 한번 찌르려고 할 때 품속에서 전

화가 온다. 백 사장, 어느 쪽 주머니인지 헷갈려하며 이쪽저쪽 주
머니를 뒤지는데 탕! 탕! 두 번 불이 뿜고 백 사장이 힘없이 풀썩
주저앉는다.

백 사장　　……뭐야 이거? 아이…… 시발.

선우, 인생의 마지막 말을 간단하게 끝내고 쓰러진 백 사장을 우
두커니 내려다보며 피곤한지 눈을 비빈다. 그러다 자신의 복부
에서 피가 흐르는 것을 느끼고 움켜쥔 채 큰길로 나선다.

90　　　　　　**도로 (여의도공원 앞) ― 택시 안 (밤)**

선우 길을 건너와 대기 중인 택시를 탄다. 선우가 택시를 타자 운
전기사 바로 출발하지 않고 주위를 둘러보며.

기사　　뭐 터지는 소리 못 들었어요?
선우　　인생 빵구 나는 소리예요.
기사　　에? 아…… 많이 힘드시죠? 저희도 마찬가지입니다.
　　　　요즘은 다 힘들어요.

운전기사, 요즘 세상이 어쩌구 이야기하고 선우는 핸드폰으로
희수에게 다시 전화를 해본다.

91   버스·안 (밤)

시내버스 안. 승객이 많지 않은 쓸쓸한 풍경.
버스 뒷좌석에 희수가 앉아 있다.
희수 핸드폰 진동이 울린다.

희수   응, 미애야. 지금 가고 있어. 금방 도착할 거야.

희수, 미애와 통화를 끝내고 부재중 전화번호를 체크해본다.
부재중전화가 여러 통 와 있다.

92   호텔 스카이라운지 (밤)

나이트클럽 쪽 어깨, 문석 수하 중 한 명인 경표가 스카이라운지
로 올라와 유미를 부른다.

경표   유미 씨 밑에 내려가봐.
유미   네? 왜요?
경표   몰라. 내려가봐.
유미   이거 정리하고 내려갈게요.
경표   (극히 냉담하게) 아니 놔두고 지금 내려가.
유미   …….

유미, 룸 안으로 들어서자 강 사장이 중앙에 앉아 있고 오른쪽 옆에 민기가 고개를 숙인 채 극도로 불안한 표정으로 앉아 있고, 그 옆에 문석과 똘마니 몇몇이 앉아 있다.

강 사장   이리 와서 앉아.

유미, 긴장하지만 겉으로 티 내지 않은 채 천연덕스럽게 강 사장 옆 소파에 앉는다.

강 사장   길게 설명 안 할게⋯⋯. 선우 본 적 있지?

유미   네? (순간 민기를 본다. 민기, 유미의 시선을 외면하고)
김 실장님이요?

강 사장   그래. 김 실장. 최근에 본 적 있지? 걔 어딨냐?

유미   (떨리는 음성을 애써 진정하고 여유 있게 웃어 보이며)
그걸 제가 어떻게 알아요?

강 사장   ⋯⋯.

강 사장, 순식간에 유미의 뒷덜미를 잡은 채 그대로 테이블 위로 내리찍는다.
'쾅' 소리와 함께 그대로 테이블 밑으로 쭉 뻗어버리는 유미.
문석, 민기 할 것 없이 그 안에 있는 모든 사람들 경악스러운 표

정으로 입을 다물지 못한다. 강 사장의 머릿속이 복잡해지며 무
얼 먼저 해야 될지 모르는 표정이다.

94   **창고 (밤)**

필리핀 갱들 창고로 들어와 오무성을 풀어주자 오무성이 기진맥
진한 상태로 의자에 앉는다.

오무성   핸드폰 가지고 와. 핸드폰!

95   **여의도공원 (밤)**

싸늘하게 식어가는 백 사장의 품안에서 핸드폰이 울리고.

96   **호텔·주차장 (밤)**

태구가 차 안에서 지도를 보며 나이트클럽 간판 이름과 대조하
며 확인한다. 태구 차 앞에 택시 한 대가 서고 거기서 내린 선우
가 옆구리를 움켜쥔 채 주위를 살피며 뒷문으로 들어간다.
태구, 그런 선우를 유심히 지켜본다.

각본   119

97 희수 집·안 (밤)

집 안을 둘러보는 희수. 큰 짐들이 없어서인지 휑한 느낌이다. 친구 미애가 방에서 선우가 들고 온 선물 박스를 들고 나올 때 희수의 핸드폰이 울린다.

미애   이거야. 그 사람 이것만 놔두고 가버렸어.

희수   (박스를 내려다볼 뿐 뜯어보지는 않고) ……응. 뭐지?

주머니에서 핸드폰을 꺼내 번호를 확인하더니 받지 않고 그냥 도로 집어넣는다.

98   호텔 스카이라운지 (밤)

스카이라운지 입구에서 들어오는 사장단을 맞이하는 문석.
직속 수하 경표에게 사장단을 모시게 하고 다른 수하들에게 무언가를 지시하며.

문석   손님들한테 죄송하단 말씀드리고 빼내. 받지 마.
       그리고 너희들은 여기서 꼼짝 말고 지키고 있어.
       무슨 일 있음 바로 연락하고. 애들 구석구석에
       박아놔. 다른 애들은 어디 갔어?

호텔 · 직원 통로 (스카이라운지行 · 밤)

강 사장이 무언가 골똘히 생각하는 표정으로 빠르게 걷고 있다.
마주 오는 호텔 직원들 인사를 해도 건성으로 받으며 상기되어
걷는다.

100   **도로 (호텔行) — 오무성 봉고 · 안 (밤)**

도심을 달리는 오무성 봉고 차 안, 필리핀 갱들과 오무성파들이
사제 총을 조립하고 있다.

101   **호텔 나이트클럽 · 주방 창고 (밤)**

덩치 하나가 무거운 짐을 들고 낑낑거린다.
덩치가 숨을 헐떡이며 창고로 들어와 짐을 들어 올리려고 할 때.

선우   움직이지 마.

덩치, 짐을 올리려다 말고 흠칫 놀란다.
짐을 들고 있는 상태로 멈춘 덩치, 힘들어서 팔을 부들부들 떤다.
이마에 식은땀이 흐르고.

선우   강 사장 지금 어딨냐?

덩치   …….

선우   (선우가 든 총에서 찰칵 소리가 난다) 너한테 유감
         없지만 네 머리통이 날아갈 수도 있어.

덩치   ……지금 ……지금 라운지에 있을 겁니다.

선우   그래? (잠시 생각하다) ……알았다. 넌 여기서 잠시만
         조용히 있어줘야겠다.

선우가 밧줄과 테이프를 들고 일어서려 할 때 문석이 문을 확 하
고 열고 들어온다. 문석, 놀란다. 덩달아 놀란 선우 방아쇠를 당
긴다. 탕! 탕! 탕! 문석, 약간 멍한 표정을 지어 보이더니 비틀비
틀 싱크대 앞으로 간다. 수도꼭지를 틀어 물을 마시려는 듯한 자
세를 취하며 입을 벙긋벙긋거리다가.

문석   어…… 어……. (말을 채 잇지 못하고 그 자리에 쓰러진다)

신음 소리가 나고 옆을 보면, 덩치가 엉겁결에 몸을 웅크리고 짐
을 감싸고 있다. 박스로 된 짐에 구멍이 나고 거기서 술이 주르르
흘러내린다. 처음엔 투명한 액체가 흐르는 것 같더니 금세 붉은
빛이 돈다.
덩치가 고개를 떨어뜨리고 박스를 내려놓으면 배에 구멍이 나
있다. 덩치가 가쁜 숨을 몰아쉬며 원망인지 애원인지, 묘한 표정
으로 선우를 쳐다본다.

선우, 아랫입술을 깨물며 덩치 품에서 핸드폰을 꺼내 긴급 구조대 전화번호를 눌러 덩치에게 주고는 문석의 시체를 내려다본다.

선우   너한테 해줄 말이 많았는데…….

선우, 문석을 힘들게 끙끙거리며 한쪽으로 옮겨놓는다.
피가 계속 옆구리에서 조금씩 새어 나오고 어느새 옷이 흥건하게 피로 젖어 있다. 통증이 오는지 인상을 찡그린다.

102   **호텔 · 화장실 (밤)**

호텔, 나이트클럽 직원 통로 입구 쪽 화장실.
선우, 화장실에 들어가 옆구리 상처를 살펴보고 화장실에 걸려 있는 타월로 피를 닦아낸다. 인상이 조금씩 일그러지는 선우. 연신 피를 닦아내는데 핸드폰이 울린다. 번호를 바라보다가 받을까 말까 망설인다. 그러다가 받으면.

선우   여보세요? 아 희수 씨! (얼굴이 밝아지며) 괜찮아요?
           아무 일 없는 거죠? 어제 찾아갔었어요. 전화도 계속
           했었구요, 네? ……할 말이 있었는데 다 까먹었어요.
           (힘없이 웃고) ……저 혹시 제가 보낸 거 보셨어요?
           네. 나중에 시간 나실 때 뜯어보세요. 별거 아니지만.

(다시 힘없이 웃다 인상을 찌푸린다) 네? 아 저요?

(호흡이 가빠오고) 모르겠어요. 죽으려나 봐요.

(다시 히죽 웃는다) 모르겠어요. 도대체 내가 왜 이러는지.
여기요? 여기가 어디냐면요. 아 저 희수 씨. 내가 지금 할
일이 하나 있거든요. 다시 할 수 있으면 전화드릴게요.
그거 뜯어보세요. 시간 나실 때.
아무튼 지금 들어가봐야 되거든요.
할 수 있음 다시 전화드릴게요. 네 끊어요. 잘 지내요.
(딸칵)

선우, 수신 번호를 핸드폰 안에다 저장한다.
그리고 거울을 통해 자신의 모습을 잠시 쳐다본다.

선우   (혼잣말처럼) 왜 이렇게 된 거지?

(한숨) ……괜찮아, 괜찮아…….

103   **호텔·직원 엘리베이터 (밤)**

조금은 피로해 보이는 선우의 얼굴.
무표정 같기도 하고 덤덤한 표정 같기도 하다.
피로와 건조함이 서린 선우의 얼굴에서 천천히 틸트다운되면
엘리베이터 안에 경표가 복부에 총을 맞고 피투성이가 된 채로

쓰러져 있다.

104 호텔 · 직원 통로 (스카이라운지行 · 밤)

스카이라운지로 통하는 직원 전용 출입문이 있고, 문 앞에 백 사장 쪽에서 보내준 수하 몇 명이 입구를 지키고 있다. 그들 앞으로 천천히 걸어가는 선우. 의자에 앉아 신문을 보던 어깨 하나가 선우를 노려보더니,

손가락 수하 (짐짓 점잖은 말투로) 이쪽으로 오시면 안 됩니다.

손을 들어 제지할 때 탕! 소리와 동시에 그의 손가락 세 개가 날아간다. 놀라서 일어나는 다른 한 명의 발등에 대고 또 한 발을 갈긴다.
탄창을 열어 실탄을 버리고 다시 채우며 스카이라운지로 걸어 들어가는 선우.

105 호텔 스카이라운지 (밤)

손님이 빠져나간 텅 빈 스카이라운지 중앙 통로를 터벅터벅 걸어 들어가는 선우. 안쪽에서 사장단 몇 명과 앉아 있던 강 사장이

걸어 들어오는 선우를 바라본다. 사장단들 경악하고.

강 사장, 들어오는 선우를 바라보다 마치 맞이하듯 천천히 일어

나 나간다. 중앙 통로에서 둘이 대치하듯 마주 보고.

강 사장　　소란 피우지 말자.

선우　　　(선우, 피로한 듯 대꾸 없이 총을 꺼낸다) ……여기가 내

　　　　　　종착지예요.

호위하듯 다가서는 사장단 수하 한 명의 다리를 향해 총 한 발을

발사한다. 수하 "욱!" 하는 소리와 함께 나가떨어지고.

강 사장　　(어금니를 깨물며) 너 정말 이럴 거냐?

선우　　　저한테 왜 그러셨어요?

강 사장　　……넌 ……나에게 모욕감을 줬다.

선우　　　아니, 진짜 이유를 말해봐요.

강 사장　　…….

선우　　　저한테 왜 그러셨어요? 그 애 때문이에요?

강 사장　　…….

선우　　　그런 거예요?

강 사장　　…….

선우　　　(허탈하게 웃으며) 우리가 이 지경이 된 게 그 이유

　　　　　　때문이었죠?

강 사장　　너 그 애 좋아하냐?

선우	…….
강 사장	그것 때문에 흔들린 거냐?
선우	(냉정한 말투지만 눈시울은 붉어지기 시작한다)
	저요…….
강 사장	…….
선우	……저요 ……정말 모르겠거든요.
강 사장	(강 사장, 눈을 질끈 감는다) …….

선우, 말을 잇지 못하고 고개를 떨군다.
선우, 고개를 들어 야경을 바라본다.
유리창 또는 어떤 반사물에 비친 자신의 초라하고 지친 모습을
바라본다. 선우의 표정이 울 듯, 웃을 듯 말할 수 없는 묘한 표정
이 되어간다. 선우, 어금니를 깨물며 안간힘을 써보지만 어느새
눈물이 꽉 찬다. 그러다 갑자기 총을 든다.

선우	(생각 없이 건조하게 반복하듯) 나한테 왜 그러셨어요?
강 사장	(눈을 질끈 감는다)
선우	……난 정말 모르겠거든요. 말해봐요. (찰칵 총 한 발을
	장전한다)
강 사장	……! 이러지 마라.
선우	(힘없이) 어떻게 이렇게 될 수가 있는 거죠?
	……말해봐요.
강 사장	(긴 한숨, 곤혹스런 표정으로 미간을 손으로 문지른다)

	나한테 답이 있지 않아. ……잘 생각해봐라.
	……모든 게 너의 그림자에 불과해.
선우	(눈물이 벌컥 쏟아지려는 것을 겨우 참고) 저요…… 많이
	생각해봤거든요.

선우, 무언가 말하려다 다시 그 말을 잠시 생각해본다.
그러다 무언가 말하려고 입을 열 때, 갑자기 '탕!' 하는 귀청을
강하게 때리는 소리가 들린다. 모두 순간적으로 멍해져 있고, 오
무성 언제 들어왔는지 총을 들고 서 있고 선우의 귀 쪽에서 주르
르 피가 흐른다.
선우, 멍한 표정으로 있다가 가방에서 '탕!' 불구멍이 번쩍거리
면 오무성이 파티션과 함께 앞으로 쓰러지면서 홀 안의 칸막이
유리문이 부서진다. 일시에 필리핀 갱들 뛰어 들어오면 그들을
향해서 선우의 총이 불을 뿜고.
벌떼처럼 달려드는 필리핀 갱들 무차별 난사하고, 선우의 총도
그들을 향해 불을 뿜는다. 여기저기서 피와 살점이 튀고 구멍이
나고 선우의 총에 오무성 패들이 하나둘 쓰러져나가고 선우도
몇 발의 총격을 받는다.

106   **호텔·직원 통로 (스카이라운지行·밤)**

스카이라운지 입구에서 피범벅 시체를 내려다보던 태구, 총소리

에 고개를 돌린다.

끔찍한 살육극이 끝나고, 선우가 유리창 벽에 기대어 멍한 표정으로 천천히 숨을 고르고 있다. 유리에 비친 자신의 처참한 모습을 물끄러미 바라본다.

누군가 비틀거리며 선우에게 다가오면 선우가 창밖 흔들리는 나무를 바라보다 천천히 고개를 돌린다. 온몸에 피를 뒤집어쓴 채 오무성이 비틀거리며 선우에게 총을 겨누고 오고 있다. 선우가 총구멍을 바라보다 시선을 옮겨 강 사장을 찾아본다.

한쪽 구석에 역시 피를 뒤집어쓴 채 처참하게 죽은 강 사장을 넋 빠진 사람처럼 바라보고 있을 때 오무성의 총구가 선우의 관자놀이에 닿는다.

선우   ⋯⋯많이 생각해봤거든⋯⋯ 그런데⋯⋯.

오무성   총 버려.

선우   (힘없이 웃으며 고갤 천천히 가로젓는다) 이제야⋯⋯
          해답을 얻었던들⋯⋯ 돌이킬 수도 없잖아? (힘없이
          피식 웃고)

오무성   (나직하고 음산한 목소리로) 총 버려. 이 새끼야⋯⋯.

선우, 주머니를 뒤져 핸드폰을 꺼낼 때쯤 가슴 한쪽에서 피가 벌컥벌컥 쏟아진다.

핸드폰 위로 피가 떨어지고 선우가 어디론가 전화를 걸려는지 버튼을 누르려고 안간힘을 쓰는데 계속 헛짚는다. 그러다 신호가 가고. 전화기에서 "여보세요?" 하는 희수 목소리가 들리지만 선우, 힘이 빠지는지 전화기를 스르르 놓친다.

선우, 망연한 표정으로, 깨진 유리창 밖에서 불어오는 바람에 흔들리는 나무를 바라본다.

선우   저게 바람이 움직이는 건가? 나무가 움직이는 건가?

오무성의 인상이 점점 일그러진다.

오무성 천천히 총을 들어 올려 방아쇠를 당기려고 할 때,

그때 탕! 소리와 동시에 오무성, 피를 내뿜으며 앞으로 쓰러지고 뒤에서 태구가 총을 겨눈 채 천천히 걸어 들어온다. 태구, 오무성을 향해 터벅터벅 걸어와 한 발을 갈기며 확인 사살한다. 주위를 쓱 한번 둘러보더니 앞에 쓰러져 있는 선우에게 다가간다.

옅은 숨소리. 태구가 선우의 입가에 귀를 갖다 댄다.

선우   (가늘어져가는 숨소리로 들릴락 말락 뭔가를 중얼거린다)
태구   ……?

태구, 무슨 말인지 못 알아듣겠단 표정을 짓더니 무심한 얼굴로

선우에게 한 발을 갈긴다.

'탕!'

108   녹음실 · 안 (낮)

녹음실, 입구 쪽에서 '땅!' 하는 소리가 난다.

선우, 놀라서 옆으로 고갤 돌리면 스태프 중 하나가 넘어진 보면대를 일으키며 "죄송합니다"라고 말한다. 믹싱실 사람들 킥킥거리면 믹싱 엔지니어 가볍게 주의를 주고 연주실 쪽으로 사운드 체크 사인을 준다.

유리 너머 연주실에서 사인을 받은 15인 실내 오케스트라가 준비를 하고 있다. 희수도 자리를 잡고 악보를 놓은 다음 머리를 질끈 동여맨 뒤, 손가락을 낀 채 앞으로 쭉 뻗어 목을 돌리며 손을 터는 동작을 한다. 지휘자가 들어와 장내 정리를 하고, 긴장을 풀어주기 위해 가벼운 농담을 하면 까르르 웃는 연주자들.

희수도 짧고 가볍게 따라 웃는다. 선우의 입가에 잠시 미소가 번진다. 연주가 시작된다. 연주에 집중하는 희수 모습이 인상적이라고 생각한다. 선우, 소파 깊숙이 몸을 기대어 연주를 감상한다. 연주가 흐르고…….

연주하던 희수, 천천히 고개를 돌려보면 눈을 지그시 감고 연주를 감상하고 있는 선우를 편안한 얼굴로 바라본다.

선우가 천천히 눈을 뜨고 희수를 바라본다.

웃는 듯 마는 듯한 고혹한 표정으로 선우를 바라보는 희수.

카메라 천천히 선우에게 다가간다.

선우의 입가에도 미소가 슬며시 일어난다.

희수, 선우를 따라 하듯 미소 짓는다.

109   호텔 스카이라운지 (밤)

선우의 무언가 바라보는 듯한 눈이 클로즈업된다.

마치, 무언가를 보고 미소 짓는 듯한 얼굴 표정이다.

태구, 그런 선우한테 다가와 마치 '죽은 거야?' 하는 표정으로 고
개를 삐딱하게 내려다본다. 선우를 무표정하게 내려다보던 태
구, 다시 선우 얼굴을 향해 총을 겨눈다.

탕!

110   희수 집·안 (밤)

희수, 더 이상 응답이 없자 핸드폰의 종료 버튼을 누르고, 선우가
가져온 선물 박스를 자기 앞으로 끌어당긴다. 박스를 뜯고 포장
을 벗겨내면 안에서 스탠드가 나온다.

무심한 표정으로 스탠드를 바라보는 희수.

컷아웃.

검은 무지에서 음악 소리.

NA   어느 맑은 봄날, 바람에 이리저리 휘날리는
       나뭇가지를 바라보며 제자가 물었다. 스승님, 저것은
       나뭇가지가 움직이는 겁니까, 바람이 움직이는
       겁니까. 스승은 제자가 가리키는 곳을 보지도 않은
       채 웃으며 말했다. 무릇, 움직이는 것은 나뭇가지도
       아니고 바람도 아니며 네 마음뿐이다.

화면 열리고.
선우, 야경이 보이는 유리에 자신의 모습을 비춰보며 옷매무새
를 고친다. 그리고 자신을 한동안 바라본다.
그러다 천천히 유리에 비친 자신의 모습을 보며 섀도복싱을 한다.
천천히 화면 어두워지고 음악은 감미롭게 흐른다.

- 끝 -

제작기

2004년 1월 1일 ~ 2005년 3월 15일

제목

'모두가 그녀를 좋아한다'

웬일인지 이번에는 시나리오를 혼자 쓰고 싶지 않았다.
초고 정도는 글 잘 쓰는 작가에게 맡기고 싶었다. 며칠
전 글 잘 쓰는 작가에게 전화를 걸어 압구정동의 라바짜
라는 커피 파는 가게에서 만났다.
"이번에 하려는 게 누아르거든요. 아주 드라이하고 쿨하
게 시작해서 웨트하고 핫하게 끝나는 이야기예요."
무심한 표정으로 듣고 있던 글 잘 쓰는 작가는 1월 1일
같은 장소인 라바짜 커피숍에서 만나자며 자리에서 일
어섰다.
약속 장소로 나가려고 외출복으로 갈아입는데 전화가
왔다. 만나기로 한 작가가 연휴 끝나고 만나자고 한다.
바지 지퍼는 올리지도 못하고 도로 벗어버렸다. 갑자기
할 일이 없어진 나는 소파에 누워 빈둥거리다가 벌떡 일
어나 시나리오를 쓰기 시작했다.
제목 '모두가 그녀를 좋아한다'.

시나리오

"이 아저씨, 시나리오가 장난인 줄 아나?"

사흘 동안 자고 먹고 글만 썼다. 만나기로 한 작가에게 전화를 걸어 그냥 다 써버렸다고 말했다. 전화를 끊고 "이 아저씨, 시나리오가 장난인 줄 아나?" 하는 환청이 들리는 듯했다.

늦은 밤 대강의 초고를 끝내고 오랜만에 세수나 해보려고 화장실에 들어가 거울을 보았다. 거지 한 명이 거울 앞에 서 있었다. 흠칫 놀라 뒤로 물러난다.

"소영아, 애는 다음에 낳으면 안 돼?"　　　2004. 2. 15.

〈장화, 홍련〉을 끝으로 다시는 나와 작업하지 않을 작정으로, 올해는 애 낳을 계획임을 사전에 선포한 이소영 조감독에게 전화를 했다.

"웬일이세요?"

"임신했니?"

"아뇨. 왜요?"

"애 다음에 낳으면 안 돼?"

"감독니임!!!!"

이소영은 소리를 버럭 지르더니 전화를 끊어버린다.

"소영아, 생각 잘했다" 2004. 2. 16.

이소영 조감독 첫 출근.

이병헌 포획 작전 개시, 완료 2004. 3. 7.

이안규, 신은영, 김민석 등 연출부 구성. 이소영, 오세경 조감독과 더불어 2인 조감독 시스템으로 결정.

이병헌과 만나기로 했다. 또래의 한국 연기자 중 어떤 모호한 감정의 흔들림과 그 흔들림을 자기 안에서 파장시키고, 걷잡을 수 없는 장렬한 파멸감을 섬세한 빛깔로 연기해야 하는 주인공 선우 역을 할 수 있는 사람은 감히 이병헌뿐이라고 생각했다.

어쨌든 우리는 미리 소문나는 게 달갑지 않아서 사람들 눈에 안 띄는 곳에서 조용히 만나기로 했다(미리 밝혀두지만 이날 이후로 아주 자주 만났는데 소문 한 개도 안 났다). 장소를 고민하다 귀찮아서 결국, 라바짜에서 만났다. 초고를 보여주려다 읽은 뒤에 안 한다고 할까 봐 입으로 각종 효과음을 내며 영화 분위기를 설명.

"투앙! 투앙! 총에서 불이 뿜어지면 저쪽에서 흙먼지가 불어와. 휘이잉~. 그 순간 주인공 선우가 고독한 모습으로 짜잔~ 하고 폼 나게 걸어 들어와. 어때? 괜찮지?"

"스카이라운지라면서 흙먼지가 어디서 불어와요?"

"그럼 흙먼지 빼고 음악 넣지 뭐. 뚜뚱! 이렇게. 괜찮지?"

의심에 찬 표정이었지만 얼마 안 가 효과음의 얼 빼기 교
란작전이 먹혀들었다.

미술 콘셉트   2004. 4. 9.

우아르의 탄생

〈피도 눈물도 없이〉〈살인의 추억〉〈올드보이〉 등에서
힘 있고 냄새 풀풀 나는 미술을 보여준 류성희 미술감독
이 〈쓰리, 몬스터〉를 끝내고 합류했다.

영화 전반에 걸친 미술 콘셉트 회의. 특히 주인공 선우가
일하는 호텔의 공간, 통로, 복도, 스카이라운지 등을 집
중적으로 설명하고 의견을 나누었다. 상승의 이미지로
스카이라운지는 원색이 강하고 반사물이 많고 광택이
나며 최대한 럭셔리하게, 하강의 이미지로 지하 나이트
클럽과 연결 복도는 어둡고 무광택이며 모노톤의 음습
한 느낌이 들도록 최대한 누아르 필 나게. 빛과 어둠, 광
택과 무광택, 반사와 무반사, 원색감과 모노톤, 우아함과
불온의 기운이 감도는 이런 충돌하는 이미지가 한 공간
안에 있는 호텔의 기이한 이중성이 아슬아슬한 인생사
를, 그런 삶을 살아가는 주인공 선우의 배경을 설명하는

데 적절했다.

김영철 선배, 죽인다   2004. 5. 10.

가만있어도 중년 남자의 멋이 줄줄 흐르고 표정 하나만
으로도 힘과 중후함이 느껴지는 멋진 아저씨가 필요했
다. 선우의 보스이자 가공할 적이 되는 강 사장 역할이다.
이를테면 알 파치노처럼 활활 뜨겁게 타는 쪽이 아니라
이브 몽탕이나 빌리 밥 손튼처럼 그 뜨거움을 내면에 꾹
누르고 있는 쪽의 카리스마가 필요했다.

왜 한국에는 숀 코너리나 해리슨 포드나 야쿠쇼 코지나
장 가뱅처럼 기품 있고 멋있게 나이를 먹는 연기자들이
부족할까? 캐스팅의 고민은 급기야 엉뚱하게도 멋있는
아저씨가 되는 게 이 사회에서 이렇게 어려운 건가 하는
데까지 이어졌다.

그러다 난데없이 전에 박찬욱 감독이 김영철 선배님 만
났다던 얘기가 떠올랐다. 전화를 걸었다.

"김영철 선배님 만나보니 어떠셨어요?"

"아우, 죽이죠. 폼 나요."

하얏트 호텔 커피숍에서 김영철 선배를 만나기로 했다.
미인계를 쓸 요량으로 이유진 피디와 함께 나갔다. 차 안
에서 언뜻 이유진 옆모습을 보고 같이 나온 걸 후회했다.

속상했다.

호텔 로비에 서성이는데 입구 쪽에서 한 멋진 아저씨가 기품 있고 힘 있게 뚜벅뚜벅 걸어 들어온다. 이유진과 동시에 탄성이 흘러나왔다. 김영철 선배님이다.

"죽인다."

"끝장이다."

효과음 없이 작품으로 승부했다.

스태프 진용 확정   2004. 6. 5.
제목 '달콤한 인생' 확정

〈장화, 홍련〉을 같이했던 이모개 촬영감독의 일정에 차질이 생겨 다른 촬영감독을 찾아야 했다. 초조했다. 그러다가 데이비드 린치와 테렌스 맬릭이 나온 학교로 유명한 AFI에서 촬영을 전공한 재원 김지용 촬영감독을 류성희 미술감독이 소개해주었다. 며칠 전 그의 단편을 보았다. 훌륭했다. 장편 상업영화는 처음이지만 〈장화, 홍련〉에 이어 또 한 번 신선한 모험을 해보기로 했다.

촬영 김지용, 조명 신상열 합류.

무술감독 정두홍 합류.

이제 어느 정도 모양새와 전열을 갖췄다.

제목 '달콤한 인생' 확정.

스태프 신바이신 2004. 6. 14.

"미리 환장하시면 어쩝니까"

영화하면서 처음으로 전 스태프를 불러서 신바이신을 했다. 처음엔 어색했고 힘도 들었지만 스태프들 반응이 나쁘지 않아 결과적으로 잘했다는 생각이 들었다. 작품 분석을 하면서 스태프들에게 이런저런 이야기를 듣는 것도 재미있었다.

"바람에 정서를 실어주세요, 이러면 우리 환장하죠." 데몰리션 특수효과 팀장.

"무섭지만 웃기기도 하는 시체 만들어주세요, 이러면 우리 환장하죠." 셀 특수분장 팀장.

"CG로 어떻게 좀 해주세요, 이러면 우리 환장하죠." DTI CG 팀장.

귀신들이다. 토씨 하나 틀리지 않는다. 내가 현장에서 자주 쓰는 대사들인데. 대략 난감하다.

출연진 확정 2004. 7. 7.

나의 천군만마들이여

〈천군〉에 출연하는 황정민이 특별 출연하기로 했다. 천군만마를 얻은 기분. 김뢰하 합류. 단연 누아르 최고의

얼굴. 해결사 전문 이기영, 볼수록 기기한 오달수 확정. 이들 모두 기꺼이 오디션에 참여했고 이렇게 해서 누아르 냄새는 갖추게 되었다. 찜통 무더위 속 액션스쿨에서 정두홍 무술감독, 이병헌과 액션 설계.

선우를 나락의 구덩이에 빠뜨리는 희수 역에 신민아 미팅. 신민아는 자기 생각을 아주 천천히 극도로 조심스럽게 느릿하게 말을 한다. 말을 하다가 잠시 멈추고 생각하고 다시 말한다. 말씨가 예쁘다. 말들은 점점 빨라지고 강해지는데 이런 말씨를 가진 사람을 만나기란 쉬운 일이 아니다. 며칠 뒤에 하는 테스트 촬영에 참여하기로 했다.

테스트 촬영   2004. 7. 25.
자신감이 생긴다

테스트 촬영도 무사히 마쳤다. 결과물을 보니 본편 화면 때깔이 장난 아닐 것 같다. 자신감이 생긴다.

연기자들 리딩과 동선 리허설. 이병헌, 김영철, 신민아, 김뢰하, 황정민, 이기영, 오달수 참여. 워낙 개성이 강하고 기가 센 연기자들이라 톤 잡고 밸런스 잡는 데만 엄청난 에너지를 쏟아낼 것 같다. 그런데 뭐, 감독이 그런 거 하는 거지 하며 불안한 마음을 잠재운다. 김영철 선배가 후배 연기자들을 다독이고 격려하며 분위기를 편하게 해준다. 신민아에게 오늘부터 배우기 어렵고 연주하기도 어렵다는 첼로 연습을 시작하라고 했다.

양수리에서 가진 1박 2일의 리허설 합숙을 끝내고 서울로 돌아간다. 차 안에서 검은 슈트와 레인코트를 입고 서로를 애증의 시선으로 노려보며 총을 겨누고 있는 장면들을 상상하며 히죽 웃다가 촬영이 코앞으로 다가왔다는 생각을 하니 웃음이 가신다.

그간 더위를 밥 먹듯 하며 많은 준비를 해왔는데 들여다보면 하나도 제대로 된 것이 없다. 항상 이랬나?

나이트클럽   2004. 8. 22.

지루 촬영에 조루 액션!

어느덧 촬영도 8회차를 가고 있다.

서울의 모 호텔 나이트클럽.

선우와 늦은 시간 나이트클럽 룸에 들어와 강짜를 부리는 백 사장(황정민)파 똘마니들 간의 액션신을 찍는 날이다. 영화의 도입부에 나오는 가볍고 쿨하게 설계된 액션이다.

가볍고 쿨한 액션 설계지만 나름대로 40여 컷. 이틀 동안 나이트클럽 영업에 방해되지 않고 끝내려면 열 시간 안에 20여 컷을 끝내야 한다. 계산해보면 1시간에 두 컷을 쳐나가야 한다. 류승완이 아니면 불가능하다.

테이블 위로 뛰어올라간 선우가 천장에 붙은 샹들리에를 요리조리 피해가며 두 명의 똘마니를 가볍게 처치해야 한다. 테이블은 삐걱거리고 소파와 테이블이 워낙 커 카메라 동선은 안 나오고 천장은 왜 이렇게 낮고 샹들리에는 왜 이렇게 큰지. 테이크 한 번 가면 깨진 유리잔이며 테이블 세팅하는 데 20여 분 소요. 아⋯⋯. 오만가지가 속을 태운다. 결국 일곱 컷 찍고 끝났다. 다음 날 나머지 분량을 다 소화해야 한다.

1분도 채 안 되는 액션인데 왜 이렇게 힘든 거지?

내가 액션을 왜 한다고 그랬지? 제기랄.

우리의 액션 콘셉트는 지루 촬영에 조루 액션이다.

깡판   2004. 9. 25.

"구더기만 신경 쓰지 말고 나도 좀 신경 써줘요"

인천 수협 공판장.

백 사장의 지시로 오무성(이기영)과 동남아 갱들이 선우를 습격, 그들의 아지트인 일명 깡판이라고 불리는 수산물 공판장에서 선우가 영문도 모르고 린치당하는 장면을 찍는 날이다.

을씨년스럽고 횡한 공판장 내부는 생선 비린내만으로도 누아르 분위기를 물씬 내뿜는다. 바닷가라 그런지 해만 떨어지면 기온이 급강하했고 거기서 이병헌은 남방 하나로 밧줄에 묶인 채 피를 뒤집어쓰고 차가운 시멘트 바닥에 누워 있다가 그 상태로 공중에 매달려야 했다.

영화가 럭셔리한 분위기에서 어둡고 음습하고 불온한 기온이 감도는 누아르 분위기로 반전되는, 본격적인 누아르의 때깔과 공간 미장센을 구현해야 하는 정말 중요한 장면이다, 라고 스태프들에게 전달했다. 하긴 매번 이번 촬영은 이래서 중요하고 저래서 중요하고 중요하지 않은 장면이 어디 있으랴…….

썩은 생선 토막과 내장을 여기저기 던져놓고 그것도 모자라 서울에서 구더기를 공수해왔다. 그런데 추워서 그런지 구더기들이 비실비실하다. 내가 구더기들을 건드려보지만 꿈쩍하지 않는다. 보다 못한 조감독이 다가와 구더기들에게 꽥 하고 소리친다. "야! 너희들 안 움직여?"

아…… 불쌍한 구더기들. 그 구더기들에게 소리치는 더 불쌍한 우리 조감독. 공중에 불쌍하게 매달린 이병헌이 우리를 불쌍하게 쳐다본다.

"구더기만 신경 쓰지 말고 나도 좀 신경 써줘요. 좀 내려주든지……."

날씨는 점점 추워지고 연일 강행군에 스태프들의 진행

은 굼뜨고 해는 또다시 떠오르고 뭐가 이렇게 진행이 더
딘지 연출부를 소집했다. 이소영 조감독, 오세경 조감독,
연출부 신은영만 달랑 왔다.

"나머진 어딨냐?"

"안규는 깡판 문에 손이 껴서 손이 으스러졌고요. 민석
이는 담 뛰어넘는 시범 보이다가 다리 금 갔는데요."

내 마음도 으스러지고 금이 간다.

청평 폐창고   2004.10.7.~10.17.

천하무적 이병헌

청평 폐건물에서 잡혀온 선우가 문석(김뢰하)의 수하 열
두 명을 상대로 목숨을 건 생사의 탈출 시도를 벌인다.
이 장면은 우리 영화의 3대 하이라이트라 할 수 있는 스
카이라운지 '라 돌체 비타' 살육전과 밀매 사무실 총격
전과 더불어 가장 고난도의 촬영 강도를 요구하는 중요
한 신이다. 연기자와 스태프들은 한 치의 오차 없이, 사
고 없이 무사히 끝날 수 있기를 기원하며 또 그만큼 초긴
장 상태로 촬영에 임하고 있다. 정두홍 무술감독, 여경보
스테디캠 기사, 데몰리션 이희경 팀장 등 우리나라 최고
의 전문가들도 긴장하는 빛이 역력했다.

폭우처럼 쏟아지는 비와 불 각목과 12인의 무술 연기자

와 카 스턴트와 특수효과, 특수분장이 총동원되는 그야말로 육체적, 정신적인 에너지가 소비되고 요구되는 빡센 촬영이다.

이병헌은 깡판에선 줄곧 매달려 있다가 여기에선 온몸에 비와 흙 세례를 받은 상태에서 무술 연기자 열두 명과 일대 사투를 벌여야 한다.

이병헌은 개인 건강 관리사를 둘 정도로 그야말로 죽도록 고생했다. 청평의 밤 기온은 뼛속까지 시려왔고 그 상태에서 이병헌은 온몸에 수십 톤의 비를 뒤집어써야 했으며, 그것도 모자라 바디캠이라는 특수 촬영 장비를 몸에 부착하고 그 상태에서 와이어를 매고 공중 비상을 해야 했고, 불 각목을 휘둘러야 했고, 좀비처럼 지겹고 끔찍하게 달려드는 문석 수하들과 위험한 카 스턴트도 해야 했다. 우리는 그들을 12인의 좀비 조폭이라고 불렀다. 이병헌의 고생이, 스태프들 수십 명의 생고생이 헛되지 않도록 마음속으로 빌고 빌었다. 열흘 동안 이병헌을 죽도록 고생시키기는 했지만, 사고 없이 만족스러운 장면들을 만들어내며 무사히 끝날 수 있었다.

아무래도 누아르기 때문에 블랙 톤과 암부 촬영에 세밀한 신경을 써야 했고 며칠 뒤 본 프린트는 우리나라 최고 수준의 때깔과 블랙, 암부 표현력을 담고 있었다. 그들의 노고와 열정과 혼이 장면 하나하나에 소중하게 담겨 있었다.

이병헌은 자기가 출연한 열 편의 영화를 모두 합친 것보다 육체적으로 더 힘들었다고 한다. 그런 그였지만 촬영장에선 엄살 한 번 부리지 않았다.

천하무적 이병헌.

밀매 사무소 세트   2004. 11. 1. - 11. 7.
"오달수, 정녕 정상이란 말인가……"

양수리 제2 스튜디오.

밀매 사무소 세트는 마치 해적 소굴처럼 해달라는 주문에 맞춰 미술팀이 스카이라운지 다음으로 심혈을 기울인 공간이다.

강 사장에게 복수를 하기 위해 밀매 사무실로 총기를 구입하러 오는 선우와 밀매단이 만나는 장면이다. 김해곤, 오달수, 에릭, 러시아인 바딤이 이병헌과 함께 호흡을 맞춘다.

쉬는 시간에 〈댄서의 순정〉을 찍고 있는 근영이에게 받은 포토메일을 저장하고 있는데 지나가던 오달수가 슬쩍 근영이 사진을 쳐다보더니 묻는다.

"따님이십니까?"

오달수, 정녕 정상이란 말인가?

오랜만에 세트장 안이 붐볐다. 특히 여자 스태프들이 눈에 많이 띄었다. 에릭이 나온다는 소문을 듣고 다른 세트장에서 온 몇몇의 여자 스태프들도 있었다. 특히 세트장 안에선 전혀 볼 수 없었던 여성 스태프도 있었다. 우리 스태프인 것 같은데 누구지? 하고 잠시 생각하고 있었다.

밥차 아주머니였다. 청평 폐창고 신에 이어 가장 만족스러운 결과를 얻었다.

선우 오피스텔 신   2004. 11. 24.
"병헌 씨 알몸, 생각보다 훌해~"

선우의 오피스텔 공간은 극히 선우의 개인적인 공간으로 조직의 넘버 2이거나 스카이라운지 지배인의 모습이 아닌 지극히 인간적인 선우의 모습을 연출해내야 했다.

선우의 단출함과 심리적 외로움을 표현하기 위해 회색 공간에 심플한 집기들, 소파에서 잠드는 설정 등으로 연출했다. 선우가 보스의 애인인 희수에게 난데없는 전화를 받고 자기도 모르는 설레는 마음으로 샤워하기 위해 욕실로 들어가는 장면을 찍는다.

이병헌이 욕실로 들어갈 때 윗도리뿐 아니라 팬티도 벗어버리게 했다. 말하자면 전라로 욕실에 들어가는데 다른 스태프들에게 말하지 않은 관계로 모니터를 지켜보던 이소영 조감독이 악! 소릴 내며 놀란다. 놀란 건지 좋아한 건지 구분이 안 되지만.

이병헌 엉덩이 깐다는 소문이 삽시간에 퍼져 좁은 오피스텔 안이 여성 스태프들로 득실거렸다. 조감독도 모니터 앞으로 바싹 붙었다.

결국 현장 편집에선 엉덩이 깐 테이크가 아닌 다른 테이크를 붙였다. 편집본을 본 이병헌이 물었다.

"전라로 들어간 테이크 안 썼네요."

"응."

"왜요?"

"흥-해서."

크랭크업   2004. 12. 5. - 12. 17.

"오늘이 마지막 촬영이었으면 좋겠어요"

스카이라운지 '라 돌체 비타' 대살육전.

끝이 보인다.

양수리 제1 스튜디오에 세워진 세트장은 그 화려함과 스케일의 위용으로 세트를 구경하러 온 영화인들로 연일 붐볐다. 특히 영화에서는 우리나라 최초인 파나플렉스 호리는 실제 야경과 같은 효과로, 보는 이로 하여금 감탄을 자아내게 했다. 돌아서면 무슨 말을 할진 모르지만.

배우들이 한 명씩 떠나간다. 생김새와는 전혀 딴판으로 곱고 섬세한 마음을 가진 문석 역의 김뢰하도 못내 아쉬웠던지 자신이 나오는 마지막 장면이 끝났는데도 쉽게 세트장을 떠나질 못한다.

우리 현장에서 최고 인기맨이자 최고 어른인 김영철 선배도 마지막 촬영을 끝내고 만감이 교차하는 표정으로 떠난다. 그간 김영철 선배가 작품과 스태프들에게 보인 애정과 배려는 단순히 영화에 출연해 연기를 하는 연기자 이상의 것이었다.

오랜만에 하는 영화라 불편한 것도 많았을 텐데 항상 웃음과 너그러움을 잃지 않았고 기회가 있을 때마다 스태프들의 일용할 양식을 손수 챙기셨다. 솔직히 그러기 쉽지 않다. 죄송하고 존경합니다.

떠나는 동료 선배 연기자를 보며 무지막지한 빡센 촬영으로 온몸이 너덜너덜해진 이병헌이 내 옆으로 와 앉는다.

"나도 오늘이 마지막 촬영이었으면 좋겠어요. 감독님."

"그렇군. 내일 봐."

마지막 촬영을 끝내고 세트를 둘러보았다. 그 럭셔리했던 스카이라운지가 여기저기 핏물을 뒤집어쓴 채 깨진 유리들과 구멍 뚫린 기둥과 벽, 집기 파편과 탄피 등으로 아수라장이 되었다. 크랭크업은 다가오고 내 마음도 현장처럼 어지럽기만 하다.

언젠가 류성희 미술감독과 이런저런 이야기를 주고받다가 영화 만든다는 게 왜 이렇게 어려운 건지, 왜 만들면 만들수록 쉬운지는 것 없이 더 어려워지는지 참담한 심정으로 토로한 적이 있었다.

"이 영화를 사람들이 좋아할까요?"

"결과에 상관없이 진심으로 만들면 되지 않을까요?"

아…… 나는 진심으로 영화를 만들고 있는 걸까? 결국 한 해를 넘기고 마지막 촬영을 끝낸다.

선우와 희수의 희수 집 앞 골목길 장면. 매서운 추위였는데 희수 역의 신민아는 반바지와 나시 티로 견딘다. 그런데도 춥다는 말 한마디 없이 마음에 안 들면 다시 해보겠다고 한다. 어느덧 성장한 연기자 신민아가 느껴진다.

밤 촬영을 끝내고 도시의 여명 장면을 찍기 위해 몇몇의 필요한 스태프만 남았다. 그간 말 못 할 고생을 했던 스태프들과 제대로 인사도 못 하고 나는 헌팅을 하기 위해 차에 몸을 실었다. 나는 왜 항상 이따위로 드라이한 걸까? 재수 없게시리……. 이병헌도 떠났다.

한때는 보조출연자 빼고도 백 명이 넘는 인원이 현장에 있었다. 마지막 날 마지막 컷을 찍는데 촬영부와 몇 명의 연출부, 제작부만 남았다. 빌딩 사이로 해가 나온다. 누군가 서광이 비춘다며 좋은 징조네요, 했다. 이른 아침 커피를 마시며 이 영화로 데뷔해 매번 어려운 주문을 그대로 들어주며 좋은 때깔을 만들어낸 김지용 촬영감독, 신성열 조명감독과 어색한 포옹을 했다. 쑥스러워하긴. 집으로 가는 차 안에서 이병헌을 생각했다. 이병헌은 지금쯤 달콤한 잠에 들었을까?

후반작업 2005. 3. 1. ~ 3. 15.
"우리 잘 가고 있는 거야?"

REC에서 최재근 편집 기사와 한 달 넘는 편집을 했다. 현장 편집을 합하면 아마 백수십 번은 반복해서 봤을 거다. 그럴 때마다 장면의 감각을 잃지 않으려고 무던히도 애를 썼다. 결국 몇 개의 버전을 돌아 처음 버전으로 돌아왔다. 이 길을 알기 위해 우리는 무수히 여러 길을 돌아다녔다. 인생도 그런 것 같다.

달파란과 장영규의 독특한 음악이 그림에 붙여지면서 기묘한 정서와 감흥을 가져온다. 믹싱이 끝나면 노심초사, 전전긍긍, 진퇴양난, 첩첩산중, 설상가상의 심정도 거짓말같이 사라지며 조금씩 냉담해지기 시작한다.

마치 애지중지 키워놓은 딸을 남의 집으로 시집보내는 아버지가 딸을 쳐다보는 마지막 표정을, 짐짓 냉담하게 바라보는 심정이라고 할까? 아무튼 그런 거 비슷한 심정이 든다. 이유진 피디에게 우리 잘 가고 있는 거냐고 물었다.

"감독님 영화, 다른 영화랑 다르잖아요." 알쏭달쏭한 화법으로 위안 비스무레한 말을 한다. 오정완 대표한테 물었다. "잘 가고 있는 거야?" 생뚱맞은 표정으로 나를 본다. "어디 간다고?"

얼마 전부터 류승완의 〈주먹이 운다〉와 4월 1일 같이 붙는다는 불길한 소문이 들려왔다. 소문은 점점 현실로 다가왔다. 아, 나는 참 재수도 없다. 류승완의 대표작과 붙다니. 류승완 감독한테 전화했다.

"편집 잘 안 붙는다고 시간 좀 끌어."

"편집 다 끝났는데요."

"믹싱 시간 좀 끌어."

"믹싱할 게 없어요."

"후시 안 해?"

"우린 쏙! 쏙! 이런 소리밖에 후시할 게 없어요."

오 마이 가뜨! 얼마나 신경을 썼던지 매일 밤 류승완이 꿈에 나타나 나를 괴롭힌다. 길을 걷고 있는데 류승완이 내 다리에 매달려 내 다리를 입으로 물고 있다. 내가 떼어내려고 버둥거리다가 우리 합동 배급하자는 말로 결국 떼어놓았다. 언제 있었는지 봉준호와 박찬욱이 걱정된다는 말을 했다.

"정말 걱정이에요. 미치겠어요."

"난 〈친절한 금자씨〉 걱정이라고 말한 건데."

이런 꿈을 꾸다니. 영화를 만들 때마다 매번 이렇게 황당한 악몽을 꾼다. 아, 나는 영화를 만들면서 언제쯤에야 달콤한 꿈을 꿀 수 있는 걸까?

인터뷰

감독 김지운

**2025년 4월 1일, 영화 〈달콤한 인생〉이 개봉 20주년을 맞는다.
이 작품의 어떤 점이 특별하게 남아 있는지.**

필름 누아르의 스타일과 무드를 한국영화 팬들에게 소개했다는
점, 누아르의 양식과 세계관에 대한 많은 이야기를 할 수 있었다
는 점, 그리고 이병헌 배우를 처음 만난 작품이라는 점.

한국영화로 누아르를 하고 싶었다. 그 전에 스타일 면에
서 필름 누아르의 흔적을 보여준 한국 걸작 영화들이 없지는 않았
지만 장르 자체를 누아르로 표방하며 나온 작품은 없었던 걸로 기
억한다. 그래서 〈달콤한 인생〉을 본격적인 '누아르 영화'라고 칭
했고, 모든 인터뷰에서 이 영화의 장르가 누아르라는 걸 강조했
다. 국내 관객들에게 누아르는 아직 낯설고 비주류였기에 투자
사나 제작사가 대놓고 밀어붙이긴 어려웠을 때였다. 꼭 〈달콤한

인생〉 때문만은 아니겠지만 그 후 우리나라 장르영화 지형 안에서 그 이전보단 더 자주 누아르를 호명할 수 있게 되었다고 생각한다.

〈달콤한 인생〉의 시나리오 초고를 사흘 만에 썼다. 시나리오 집필에 어려움을 느끼지는 않는지. 또 20년이라는 시간이 흐르면서 시나리오를 집필하는 방식에 어떤 변화가 생겼나.

〈달콤한 인생〉은 글 잘 쓰는 작가에게 맡기고 싶었다. 2003년 12월 어느 날, 청담동의 자주 가던 라바짜라는 에스프레소 카페에서 모 작가와 만났고 영화에 대한 세계관과 스토리를 쭈욱 얘기해줬다. 무심한 표정으로 내 이야길 다 듣더니 자기가 지금 끝내야 하는 작품이 있는데 연말까지 끝낼 테니 새해 1월 1일에 다시 만나 얘길 하자고 해서 그러자고 하고 헤어졌다.

1월 1일이 됐고 나갈 채비를 차리고 있을 때 작가에게 연락이 왔다. 3일만 시간을 더 달라는 내용이었다. 입었던 바지는 지퍼도 올리기 전에 도로 벗고 추리닝으로 갈아입었다.

할 일이 없어진 나는 놀면 뭐 하나 하는 기분으로 노트북을 열었다. 새해 연휴 3일 동안 밥 먹고 화장실 가는 시간만 빼고 하루 열다섯 시간 넘게 시나리오를 썼다. 그렇게 3일을 보내고 나니까 러프한 상태지만 여든 개 정도의 신을 썼더라. 1월 5일쯤 작가와 다시 카페에서 만났고 그 작가에게 미안한데 쉬는 동안 내가 다 썼다고 말하자 어이없어하는 표정을 지어 보였다.

〈달콤한 인생〉 이전 영화인 〈조용한 가족〉〈반칙왕〉〈장화, 홍련〉도 시나리오를 빨리 쓴 편이다. 모두 보름을 넘기지 않았는데 그중 〈달콤한 인생〉을 제일 빨리 썼던 것 같다. 아마 연말에 그 작가를 만나 30여 분 동안 영화의 세계관과 의도를 설명하면서 〈달콤한 인생〉의 모든 스토리가 머릿속에서 완성된 것 같다. 이후 〈좋은 놈, 나쁜 놈, 이상한 놈〉부터는 시나리오 초고가 나오는 데 시간이 꽤 걸렸다. 적어도 한 달 이상은 걸린 것 같다.

내가 시나리오를 쓰는 방식은 대략 이렇다. 한두 줄의, 로그라인 정도의 이야기를 가지고 시작한다. 아직 어떤 이야기가 될지 모른다. 그 로그라인조차도 어떤 의미인지 모른다. 그래서 바로 쓰지 않는다. 아직은 그저 막연하다. 떠오르는 이미지들도 이야기의 형태를 갖추고 있지 않기 때문이다. 인물도 공간도 스토리도 없고 이게 무슨 얘기인지도 모른다. 최초로 떠오르는 몇 가지 두서없는 이미지들만 간직한 채 독서도 하고 음악도 듣고 영화도 보고 동료들과 대화도 하고 산책도 하고 기사도 보고 혼자만의 시간도 보내면서 흐릿하던 이미지들과 잘 붙는 느낌들(예를 들면 어떤 문장, 어떤 풍경, 어떤 그림이나 사진, 어떤 인상적인 캐릭터, 어떤 선율, 어떤 순간들)을 건져 올리면서 머릿속에 차곡차곡 집어넣는 작업을 해둔다.

그러다 보면 그 몇 개의 이미지들 사이에 스토리가 생기고 그걸 계속 머릿속에서 생각하고 묵히면 스토리의 연결성이 생긴다. 이때쯤이면 대략적인 캐릭터, 공간, 상황이 조금씩 보인다.

아직 전체적인 스토리는 없지만 징검다리 같은 구조가

생기면 글을 쓰기 시작한다. 글을 쓰면서 머릿속에서 빙빙 돌던 이미지들과 궁합 좋은 음악들을 플레이리스트에 넣어두는 작업을 한다. 그렇게 모은 음악을 들으면서 글을 쓰기 시작한다.

지금은 사십대 때처럼 글을 쓰진 못한다. 머리도 체력도 바보가 됐다. 요즘엔 주로 오전과 낮에 쓴다. 밤에는 페이스가 뚝 떨어진다. 예전 같지 않다. 저녁에는 에너지가 방전되어서 그냥 가벼운 독서나 영화 감상을 하거나 소파에서 할 일 없이 뒹굴거린다. 글 쓰는 시간도 그때보다 반이나 줄었다. 결과물도 줄었다.

시나리오에서 촬영 단계로 넘어갈 때 그리고 촬영을 마치고 편집 단계로 향할 때, 결국 덜어내는 부분이 있기 마련일 것 같다. 많은 요인이 있겠지만, 어떤 결단이 설 때 '이 부분은 생략하자'라는 결정을 내리게 되는지.

흐름. 흐름이 안 좋으면 과감하게 잘라버리거나, 반복해서 읽으면서 덜어내고 편집한다. 중언부언하거나 정체되어 있거나 하는 부분을 잘 덜어내고 펴서 좋은 흐름을 갖게 하는 게 가장 중요하다.

다음은 사건의 개연성, 인물의 개연성이다. 인물의 감정과 동선, 모티베이션이 잘 살아야 한다. 특정 역을 맡은 배우들이 개연성과 인물의 당위성에 대해 질문하면, 그 질문을 잘 듣고 배우가 납득할 수 있도록 해결책을 제시하는 것도 중요하다. 하지만 가끔은 인물의 모순성이 조리 있게 설명되지 않을 때가 있다. 이따금 배우들에게 부조리한 상황에 대한 디렉션을 줄 때 '이 상

달콤한 인생

황에 이런 행동과 말을 하는 건 이치에 안 맞는다'라는 말을 듣는 경우가 생긴다. 그렇지만 세상이 순리대로 이치에 맞게 합리적으로 굴러가는 건 아니지 않은가?

그리고 우리가 영화작업을 하면서 당연한 것들만 만들어낸다면 무슨 의미가 있겠는가.

세상에는 불합리한 것이 당연하다는 듯 존재함을, 그 너머에 감춰진 진실의 속살을 드러내고 보여주는 작업을 해야 한다. 그렇기 때문에 감독에게는 설득의 기술과 비전이 필요하다.

〈달콤한 인생〉의 참조가 된 영화로는 어떤 작품이 있는지.

어릴 적 TV에서 봤던 스티브 매퀸이나 찰스 브론슨, 클린트 이스트우드가 나오는 미국식의 무뚝뚝하거나 차갑거나 뜨거운 하드보일드풍의 형사물과 범죄물을 좋아했다. 그리고 무엇보다 장 피에르 멜빌, 자크 드레이 등 프랑스 감독들이 만든 프렌치 누아르.

알랭 들롱, 장 가뱅, 이브 몽탕, 장 폴 벨몽도 등 프랑스의 국민 배우들이 동시대 스타 감독들과 협업하며 연기했던 멜랑콜리한 무드와 정서, 이런 것들이 〈달콤한 인생〉에 가장 큰 영향을 주었다. 미국 형사물에서 받은 남성적인 아우라, 프렌치 누아르의 멜랑코리한 무드와 정서를 한국 누아르에 담고 싶었다.

차갑고 냉담한 무표정과 침묵 사이의 여백, 파국으로 서서히 걸어 들어가는 숙명적 몰락과 추락의 정서적 울림을 한국 영화에서 보여주고 싶었다.

『김지운의 숏컷』에는 이런 대목이 나온다. (어릴 적에) "TV 수사 드라마에서 어떤 사람이 고문을 당하는 장면이 있었는데 내가 그걸 보다가 쇼크를 받아서 기절을 한 것이다." 어떻게 이 아이는 커서 그렇게…… 잔혹한 장면을 연출하게 되었을까.

우리 세대가 한창 영화에 열광했을 당시 영화 선진국의 주류영화계에서 소위 잘나가는 감독들의 영화, 시네필이 열광하는 영화 중에는 상당히 폭력적이거나 감정적으로 잔인한 작품이 많았다. 나 또한 그런 영화에 열광했다. 영화적 은총이자 세례라고, 진정한 시네아스트들의 영화적 유전자라고 생각하며 열광적으로 흡수했다. 아무리 잔혹한 장면이라 해도 그 모든 묘사는 영화적인 순간이었다. '이것은 영화다'라고 생각했기 때문에 별다른 윤리적 고민 없이 얼마나 더 실감 나고 재밌게 표현할 수 있는지만 생각했다. '진짜처럼 보여줘?' 그런 마인드로 만들어야 한다고 생각했고 그것을 해내는 것이 재능이라고 생각하던 시절이었다.

언제부터인가 표현 양식에 대한 윤리적 담론들이 나오기 시작했다. 처음엔 '왜 영화를 영화로 받아들이지 않는 거지? 난 그저 다양한 장르를 하면서 그 장르에 맞는 가장 적절한 영화적 표현 양식으로 작업하고 있는 건데? 현실은 영화보다 더 잔혹한데 그 잔혹한 현실을 영화로 만들면 왜 불평과 악평을 쏟아내지?' 이렇게 반발했지만 지금은 '아, 세상이 변하나 보다, 따라갈 수 있는 것은 따라가야지' 하고 있다.

하지만 (라떼는 말이야) 난 그런 세상에 살았던 사람이고 지금은 틀릴 수 있지만 그때는 맞았다. '어쩔수가없다'. 우리의 시대는 이렇게 바람처럼 지나가고 있는 거구나 하는 생각이 들었다.

〈달콤한 인생〉을 작업할 당시 자주 접한 음악 등이 있었는지?

현악기 클래식과 미드템포의 트립합이나 슈게이징 밴드의 음악들, 라틴리듬의 타악기 음악들을 많이 들었던 것 같다. 그리고 주인공의 공허한 내면과 도시의 고독감을 표현하기 위해서 에드워드 호퍼 그림들을 많이 참고했다. 그러니까 참고했다는 말은 호퍼가 그려낸 사람들과 도시의 그 쓸쓸한 정서를 영화 안에 어떻게 표현해야 할지 많이 고민했다는 말이다. 실제로 내 영화에서 남자의 뒷모습이 가장 많이 나온 영화이기도 하다. 남자의 뒷모습은 쓸쓸하니까.

"나한테 왜 그랬어요""넌 나에게 모욕감을 줬어" 등 20년이 흘러서도 회자되는 대사가 있다. 감독님 스스로 '아, 이거 정말 잘 썼다' 싶은 대사가 있다면?

잘 썼다기보단 현실에서 내가 꽤 자주 하는 말이기도 한데 지금 막 떠오르는 것은 "인생은 고통이야. 몰랐어?""다 각자의 삶이 있는 거지".

〈달콤한 인생〉 시기 감독님의 영화를 둘러싼 논의들은 서사보다 스타일에 더 초점이 맞춰져 있다.

영화감독은 영화의 이야기성, 그러니까 줄거리나 대사 말고도 이미지로 이야기를 할 수 있어야 한다는 게 내 지론이다. 그렇게 해야 하는 게 맞다.

감독은 그런 재능을 가지고 있어야 한다고 생각한다. 화면구성 능력, 화면구성을 통해 어떤 이야기를 보여주고 있는지를 가지고 영화감독으로서의 면모를 판단해야 한다.

앵글의 위치와 구도, 색감, 소리, 커팅의 순간, 연기자들의 미세한 시선들, 느닷없는 침묵, 이질적인 존재물의 병치, 저기서 단추를 왜 푸는지, 잠그는지, 갑자기 카메라가 왜 뒤로 물러서는지, 왜 멀리 떨어지는지, 이런 미장센이 연출이고 이야기다. 이런 것들을 봐주고 얘기해줘야 한다.

스토리나 대사로만 작품성을 따진다면 책을 봐야지 왜 영화를 보는 건지 모르겠다. 물론 좋은 영화는 기본적으로 스토리가 좋아야 하지만 좋은 스토리만으로 좋은 영화가 되는 건 아니고, 좋은 스토리로 영화를 만들었다고 좋은 영화감독인 것도 아니다.

마찬가지로 관객이든 평론가든 화면 안의 세계를 어떤 의미와 의도로, 어떻게 구성하는지 그곳에 어떤 비범함이 있는지 들여다보고 알아내야 한다.

감독님의 독창적인 스타일과 서사가 연결되는 부분은 인물이 마주치는 찰나의 강렬한 인상이 아닐까. 선우가 끝내 자신의 보스에게 전화를 걸지 못하는 순간처럼. 감독님은 인간의 욕망, 꿈, 불안 등이 야기하는 어떤 상황, 어떻게 보면 '한 사람의 분기점'이 될 수 있는 찰나에 관심이 있는 것인지.

인생의 찰나. 나는 그냥 어떤 찰나의 순간에 모든 걸 포기할 수도 있을 것 같다.

왜냐하면 인생이란 그렇다고 생각하기 때문에. 무언가에 미쳐서, 마음속 깊이 품고 그것을 향해 정말 쉼 없이 치열하게 살다가 무언가를 이루든 이루지 못하든 현재 내가 그렇게 살고 있다면 '됐어. 목표에 닿지 않아도 돼. 마음에 품었던 길을 향해 사심 없이 그 길로 나아가는 순수한 순간이 있었다면 그걸로도 충분해' 하는 생각이 들기도 한다.

부질없음. 그렇게 미친 듯이 열정의 질주극을 벌이며 삶에 치닫다가도 어느 날 한순간 부질없음과 마주하기도 한다. 〈달콤한 인생〉의 선우는 이 두 가지를 다 느끼지 않았을까?

'내가 나도 모르게 누군가를 순수하게 사랑하고 있었네, 그래서 흔들렸던 거네. 그렇다고 세상이 나한테 이렇게 가혹할 필요가 있나? 하지만 어쩌면 나 때문인지도 모르겠네. 참 부질없네.' 이런 정서가 선우의 도착지였던 것 같다.

〈장화, 홍련〉과 더불어 〈달콤한 인생〉의 추동력 역시 '돌이킬 수

없는 순간'인 것 같다. 만약 20년 전으로 돌아가 한 가지만 돌이킬
수 있다면 무엇을 되돌리겠나.

감사하는 마음. 이 나이 되어서야, 이제서야 모든 것에 감사하는 마음을 갖게 되었다. 이걸 20년까지는 아니어도, 조금만 더 일찍 알았더라도 난 더 좋은 사람이 되었을 텐데.

〈달콤한 인생〉 제작기 속에는 "영화를 만들 때마다 매번 이렇게 황당한 악몽을 꾼다. 아, 나는 영화를 만들면서 언제쯤에야 달콤한 꿈을 꿀 수 있는 걸까?"라는 문장이 있다. 20년이 흐른 지금, 달콤한 꿈을 꾸었는지.

전혀, 영화 인생을 통틀어 단 한 번도 달콤한 꿈을 꿔본 적이 없다. 물론 데뷔 때는 영화계가 신기하기도 했다. 영화와 관련된 모든 일, 만나는 사람들까지 그 전에는 상상이나 꿈속에서나 만날 수 있고 경험할 수 있는 일이었기에 거의 모든 날이 설레고 흥분됐다. 사람들이 내가 만든 영화를 좋아하는 것도 신기했고 길거리에서 나를 알아보는 것도 신기했다. 외국에 나가면 그곳에도 한국 영화 팬들이 있다는 게 신기했고 해외 영화제에서 상을 주는 것도 신기했다. 하지만 그런 설렘과 흥분의 시기는 짧게 지나갔다.

일에 대한 강박들, 더 잘해야 하고 더 좋은 작품을 내놔야 한다는 강박들이 생기면서 노심초사하는 일, 근심 걱정이 하나둘 늘어가면서 계속 마음을 졸이며 살아가야 했다. 인생의 80퍼센트가 불안과 근심 걱정이다. 영화를 처음 공개하는 날은 사형대에 끌려가는 기분이었고 촬영 현장에 나갈 때도 이대로 그냥 차를 몰고 어디론가 도망치고 싶을 때도 많았다.

그런데 그러면서 왜 계속 이 일을 하느냐고 물으면 기본적으로 일중독 성향이 좀 있고 아직까진 가장 집중할 수 있는 게 이 일이고 현실을 잊을 만큼 몰입할 수 있는 어떤 순간들을 영화 작업이 준다. 만약 다른 일로 대체할 수 있다면 그 일을 할 수도 있겠지만 아직 영화만큼 매력적인 다른 일을 찾지 못했고 다른 일을 잘 몰라서 아직 이러고 있다.

그리고 여러 능력자가 한데 모여서 공동의 목표를 향해 무언가 사력을 다하는 것, 가끔 '이게 뭐라고?'하면서도 우리의 결과물을 마주할 미지의 관객들의 엄격함을 생각하면서 모두 그렇게 실감 나게, 지금 우리가 만들고 있는 게 진짜라고 생각하며 희생과 헌신, 각고의 쥐어 짜내는 피나는 노력으로 자기 한계를 뛰어넘어보려는 동료들을 보면서 스스로를 다잡을 때가 있다. 그러면서 함께 작업한 분들 덕분에 또 이렇게 내가 좋아질 수 있구나 생각한다.

20년 전과 지금, 영화를 마주하는 데 있어 가장 큰 변화는 무엇일까.

피곤함과 경건함. 갈수록 영화라는 매체에 대한 어떤 경건함과 엄숙주의 같은 게 생긴다. 이전에는 내가 하고 싶었던 것, 보여주고 싶었던 것, 만들고 싶었던 것을 만들어내는 데 열정과 쾌감이 있었다면 지금은 영화란 걸 가만히 생각해보면, 영화는 참 어렵고 고되고 닿기 힘든 부분이 있다. 아직도 오르지 못할 거대한 벽을 마주한 느낌이다.

신이 그런 거 아닌가? 위로와 힘을 주기도 하지만 만나기 어렵고 닿을 수 없는 그런 한계. 그렇게 생각하니까 지금 영화를 대할 때 경건해진다. 그리고 만성피로.

당시 어떤 콘셉트 혹은 중심 아이디어를 염두에 두고 작업했는지.

〈달콤한 인생〉의 시나리오는 서사도 너무나 독창적이었지만 철학적 질문을 던지기도 했고, 정서적이고 감성적인 누아르로서도 영감을 가득 주는, 만나기 어려운 작품이었다. 창작자로서도 기술자로서도 도전해내고 싶은 마음이 커서인지 가장 오랫동안 주요 공간의 콘셉트를 끌어안고 고민했던 작품이다. 특히 영화의 처음과 끝에 등장하는 스카이라운지가 그러하다.

　　　감독님이 이 공간에서 선우가 겪은 모든 것이 마지막 순간에 실제로 벌어진 일인지 한낮 꿈이었는지 명확하지 않았으면 한다고 하신 말씀이 가장 큰 단서였다(지금 생각해도 아찔하도록 어려운 미션이다). 그러나 가슴 한가운데 크게 자리하게 된 그 단서는 결국 미술적으로 중요한 영감을 주었다. 누아르에서 흔히

사용하는 직선적이고 강렬한 빛보다는, 반영reflection을 콘셉트로 한 빛을 사용하여 디자인하면 빛의 물리적 현상뿐 아니라 공간과 감정을 확장하여 꿈과 같은 효과를 전달할 수 있지 않을까 생각했다.

스카이라운지는 액션으로 인한 효과가 많이 발생해야 하는 공간이기도 했다. 총격전으로 물건들이 터질 때 돌과 같은 퍽퍽한 느낌보다 유리나 거울같이 광택이 나는 질감texture의 소재를 써서 디자인한 것도 같은 맥락이다.

색상도 중요한 요소인데 복잡하지 않도록 화이트, 그린, 레드, 블랙 안에서 단순화하려 했다. 조명과 질감을 돋보이게 하려는 의도였다.

개인적으로 〈달콤한 인생〉에서 가장 소중한 장면은 무엇인지.

역시 오프닝과 엔딩이다. 영화의 내레이션이 영감의 시작이자 끝이었다. 프리프로덕션부터 마지막 촬영까지 그 생각만 했다.

2025년, 〈달콤한 인생〉은 감독님께 어떤 작품으로 남았는지.

한 배우가 가장 아름다울 때, 지금은 거장이 된 감독이 영화에 터질 듯한 사랑을 쏟을 때, 이 영화를 함께할 수 있어서 행운이었다. 정말 힘들었지만 참여한 스태프로서도 팬으로서도 이 영화를 사랑하는 것을 멈출 수 없다.

당시 어떤 콘셉트 혹은 중심 아이디어를 염두에 두고 작업했는지.

"드라이하게 시작해서 웨트하게 끝내자"라는 감독님의 주문이 가장 기억에 남는다. 영화 초반, 강 사장의 신뢰로 조직에서 안정적으로 일하던 주인공 선우의 모습은 정갈하고 건조한 톤의 화면으로 설계하고, 한순간의 실수로 조직의 신뢰를 잃고 추락하는 후반까지의 모습은 물기 많고 축축한 톤의 화면으로 설계했다.

그러나 당시에 나는 장편영화가 처음인, 너무나 신인인 촬영감독이었다. 현장은 좀처럼 계획처럼 흘러가지 않았다. 서툰 내 역량 때문에, 머릿속에서 그렸던 명장면들은 항상 기대에 못 미치는 채로 실사화되었다. 그리고 20년이 지난 지금도 촬영을 할 때면, 머릿속의 명장면과 실제 촬영본의 차이는 여전하다.

개인적으로 〈달콤한 인생〉에서 가장 소중한 장면은 무엇인지.

카메라가 호텔 정문을 나서는 강 사장과 그의 수하들을 따르다가,

a) 줌아웃을 하며 후진하면 호텔 전경이 드러나고
b) 건너편 건물에서 그들을 바라보는 선우의 옆모습으로 팬 이동
c) 인물을 축으로 오른쪽으로 돌며 계속 뒤로 트랙 이동하면

마침내 폐건물 난간에 위태롭게 서 있는 선우의 뒷모습으로 끝나는 크레인숏.

카메라의 줌과 크레인, 트랙 이동 그리고 인물 동선의 합이 계획대로 잘 맞아야 하는 복잡한 숏이다. 게다가 당시에는 카메라의 흔들림을 잡아주는 장비도 없던 시절이어서, 무거운 줌 렌즈를 단 카메라는 내내 불안하게 흔들렸다. 결국, 머릿속에서 구상했던 명장면과는 거리가 먼 '휘청이는 크레인숏'이 되어버렸고, 중요한 장면을 망친 자책감으로 얼마간 무척 괴로워했었다. 그러나 몇 개월 후 믹싱을 마친 최종본을 보았을 때 예상 못한 일이 벌어졌다.

덜컹거리던 화면이 음악과 사운드와 절묘하게 맞아떨어지며, 오히려 애초에 머릿속으로 그렸던 것보다 훨씬 인상적인 장면이 되어서 영화에 남은 것이다. 큰 배움의 순간이었고, 이후로는 장면을 구상할 때 항상 사운드까지 염두에 두게 되었다.

2025년, 〈달콤한 인생〉은 감독님께 어떤 작품으로 남았는지.

〈달콤한 인생〉 덕분에 2025년 오늘도 촬영감독으로 살고 있고, 종종 촬영장의 서먹한 후배들이 수줍게 다가와선, 이 영화를 얼마나 좋아하는지, 자신에게 어떤 영향을 미쳤는지 이야기해준다. 이 영화는 여전히 나의 대표작이다.

스틸컷

달콤한 인생

달콤한 인생

달콤한 인생

스틸컷

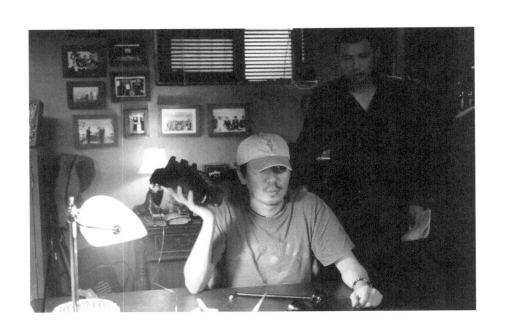

달콤한 인생

크레디트